Gymnasium Bayern

Deutschbuch

Arbeitsheft 8

Herausgegeben von
Kurt Finkenzeller und
Andrea Wagener

Erarbeitet von
Katrin Flexeder-Asen (Passau)
Markus Peter (Vilshofen a. d. Donau)
Martin Scheday (Passau) und
Konrad Wieland (Vilshofen a. d. Donau)

Deine **interaktiven Gratis-Übungen** findest du hier:

1. Gib den unten stehenden Zugangscode in die Box ein.
2. Hab viel Spaß mit deinen Gratis-Übungen.

Dein Zugangscode auf go.cornelsen.de | of3zt-rmq5h

Die Mediencodes enthalten zusätzliche Unterrichtsmaterialien, die der Verlag in eigener Verantwortung zur Verfügung stellt.

Cornelsen

Inhaltsverzeichnis

Die Übersicht auf diesen Seiten hilft dir, **die Arbeit mit dem Arbeitsheft zu planen und zu prüfen**. Nach dem Bearbeiten einer Übung musst du deine Ergebnisse sorgfältig mit dem Lösungsheft abgleichen. Trage ein, wann du die Seiten bearbeitet hast, und kreuze an, wie dir die Übungen gelungen sind:

☺ Gut gelungen! 😐 Das meiste richtig. ☹ Manchmal unsicher.

Sprachgebrauch und Sprache untersuchen und reflektieren: Rechtschreibung und Zeichensetzung

bearbeitet am | 😊 😐 ☹

Jahrgangsstufentest

●●● Diese Aufgaben sind für Profis, die das Erlernte bereits besonders gut beherrschen.

Materialgestützt informieren – Thema „Zivilcourage“

Wissen und können | **1. Schritt: Informationen sammeln – Material gezielt auswerten**

In einem Informationstext fasst du in knapper und für die Leser gut verständlicher Weise **das Wichtigste über einen Sachverhalt** zusammen. Dazu musst du dich zunächst selbst **gründlich über das Thema informieren.**

- Mache dir stets klar, zu welchem **Thema** oder zu welcher **Frage** du **Informationen** suchst, und **lies deine Informationsquelle** entsprechend genau.
- **Werte** das **Material gezielt aus:** Markiere wichtige **Schlüsselwörter** und kläre unbekannte Begriffe.
- **Ordne die Informationen übersichtlich.** Dazu eignet sich insbesondere eine **Mind-Map.**

Der „Bystander-Effekt“

Die nächste Ausgabe der Schülerzeitung steht unter dem Motto „Zivilcourage zeigen!“.
Du willst einen Informationstext zum Thema „Bystander-Effekt“ beitragen.
Als Informationsquellen stehen dir auf den Seiten 4 bis 6 Materialien zur Auswertung zur Verfügung.

1 **a** **Lies den folgenden Text unter der Fragestellung: Was bedeutet „Bystander-Effekt“?**
b **Beantworte diese Frage knapp mit eigenen Worten.**

Ist Zivilcourage Glückssache?

Menschen, die bei Schlägereien dazwischengehen, werden nicht selten als Helden gefeiert. Anscheinend ist es also nicht selbstverständlich, dass jemand eingreift, wenn er Zeuge eines Notfalls oder einer Straftat wird. Ist es auch nicht: Der „Bystander-Effekt“ sorgt dafür, dass Menschen desto weniger Verantwortungsbewusstsein verspüren, je mehr andere Personen gleichzeitig präsent sind.
Erstmals wurde dieser Zuschauer-Effekt in den Sechzigerjahren des vergangenen Jahrhunderts in den USA beschrieben, und zwar am tragischen Fall der New Yorkerin Catherine „Kitty“ Genovese: Sie wurde in ihrem Garten über eine halbe Stunde hinweg von einem Mann körperlich angegriffen und schließlich getötet. Die Szene wurde von mindestens 38 Personen beobachtet, doch niemand griff ein.
Die Sozialforscher Bibb Latané und John Darley erforschten das Phänomen bereits 1968 in mehreren Experimenten. In einem dieser Versuche wurden Studenten über eine Sprechanlage vermeintlich Zeugen eines Krampfanfalls eines Kommilitonen. Wie sie reagierten, zeigt das folgende Kurvendiagramm.

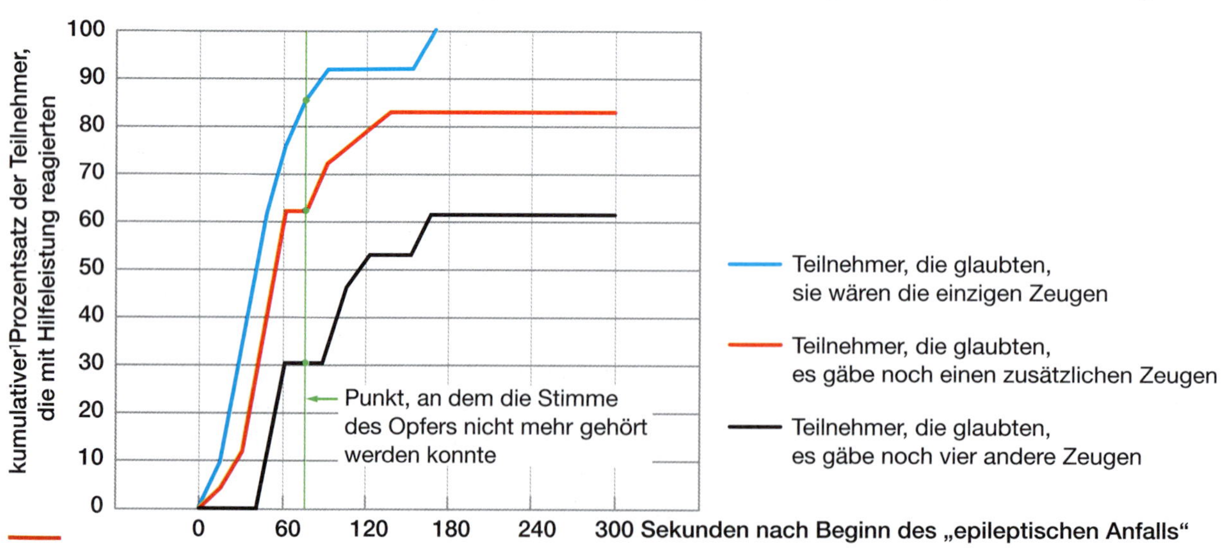

1 kumulativ: aufsummiert

(Quelle: www.polizei-dein-partner.de [5. 2. 2014])

2 **Untersuche das Kurvendiagramm auf Seite 4 unten genau (► S. 28).**

a Fasse kurz zusammen, was Bibb Latané und John Darley in ihrem Experiment untersucht haben.

Die US-amerikanischen Sozialforscher Bibb Latané und John Darley haben untersucht, wie lange

b Erkläre, was die blaue, die rote und die schwarze Linie jeweils aussagt. Du kannst auch in dein Heft schreiben.

c Das Diagramm beweist den „Bystander-Effekt“. Erkläre kurz, wie.

Das Diagramm zeigt, dass

3 **Lies den folgenden Text und fasse das Thema in einem Satz zusammen.**

In dem Text „Wann helfen Menschen anderen in Notsituationen?“ geht es um Bedingungen,

Wann helfen Menschen anderen in Notsituationen?

Nach einer Notsituation, in der andere zu Schaden kamen, wird immer wieder die Frage laut, warum dabeistehende Menschen nicht helfend eingeschritten sind. Die Antwort darauf erläutert gleichzeitig, in welchen Fällen sie es tun bzw. wann sie Zivilcourage zeigen, z. B. wenn jemand an der Bushaltestelle angepöbelt wird. In der Wissenschaft werden dafür bis heute fünf Bedingungen angeführt, die die Sozialforscher John Darley und Bibb Latané 1976 in einer Grafik dargestellt haben.

Zu verstehen ist diese Grafik wie folgt:

1 Eine Notsituation muss bewusst bemerkt werden. Zeitnot oder Gedanken an zu erledigende Dinge etc. können das verhindern.

2 Die Notsituation muss als eine solche bewertet werden. Wenn insbesondere Dabeistehende durch ihr Verhalten zeigen, dass sie dies nicht tun, und entsprechend unbeteiligt wirken, wird eine Situation schnell als harmlos eingestuft. Der Fachbegeriff der Sozialforschung lautet dafür pluralistische Ignoranz.

3 Wer eine Notsituation erkennt, muss gleichzeitig bereit sein, Verantwortung zu übernehmen. Oft wird jedoch abgewartet, ob nicht jemand anderes eingreift. Diese sogenannte Verantwortungsdiffusion (von lat. *diffundere* für verstreuen, ausbreiten) kann dazu führen, dass am Ende niemand hilft. In der Regel sinkt die Hilfsbereitschaft sogar umso deutlicher, je mehr Personen der Situation beiwohnen.

4 Wer helfen will, muss wissen, was zu tun ist. Wie hilft man z. B. jemandem, der von anderen verbal bedroht wird? Dieses Nichtwissen führt oft zu Unterlassung einer vielleicht sogar beabsichtigten Hilfeleistung.

5 Jemand, der helfen will, muss oft die eigenen Ängste vor den Konsequenzen des eigenen Eingreifens überwinden. Man fürchtet sich insbesondere davor, selbst Schaden zu nehmen.

4 **Im Text „Wann helfen Menschen anderen in Notsituationen“ (▸ S. 5–6) werden fünf Bedingungen genannt. Wähle ein Beispiel aus deinem Alltag und erkläre daran, wie sich diese Hürden auswirken. Schreibe in dein Heft. Du kannst das folgende Beispiel aufgreifen oder ein anderes finden.**

Ein Jugendlicher sitzt im vollbesetzten Bus. Ein Mädchen wird von einigen Jungen angepöbelt und reagiert hilflos, weil sie allein gegen mehrere ist …

5 **Nenne die Bedingungen, die bei Anwesenheit anderer Personen („Bystander-Effekt“) die Wahrscheinlichkeit erhöhen, dass keine Hilfe geleistet wird, und erläutere sie mit eigenen Worten.**

6 **Lies den folgenden Text: Unterstreiche die drei genannten Möglichkeiten, die geeignet sind, dem „Bystander-Effekt“ entgegenzuwirken.**

Kriminologe Prof. Dr. Hans-Dieter Schwind zur „Gaffermentalität“

Interview mit der Studentenzeitung der Ruhr-Universität Bochum (RUBENS)

RUBENS: Gerade bei Straftaten sollte die Anwesenheit vieler Passanten den Entschluss zur Hilfe doch einfacher machen, schon wegen der „Übermacht“ der Helfer. Doch dies ist offensichtlich nicht der Fall?

Schwind: Nein, das ist merkwürdigerweise tatsächlich meist nicht der Fall. Insoweit wirkt sich jedenfalls oft der sogenannte „Non-Helping-Bystander-Effekt“ aus.

RUBENS: Wie kann der Tendenz zum „Wegschauen“ in der Gesellschaft entgegengewirkt werden?

Schwind: Durch eine Verschärfung des § 323 c StGB, der die unterlassene Hilfeleistung mit Strafe bedroht, wird man wenig erreichen, und zwar schon deshalb nicht, weil diese Norm gar nicht bekannt ist. Aber Hilfeverhalten lässt sich erlernen. Insoweit dürfte zum Beispiel eine verstärkte Auseinandersetzung mit der Problematik im Schulunterricht nützlich sein. Auch die Medien könnten mehr als bisher aufklärend wirken. Im Übrigen: Niemand sollte in der konkreten Situation einer Straftat versuchen, allein den Helden zu spielen. Gemeinsame Aktionen sind in bedrohlichen Situationen erfahrungsgemäß zu erreichen, wenn

man einzelne Personen konkret anspricht und um Mithilfe bittet. Das gilt auch für Unglücksfälle.

RUBENS: Unterlassene Hilfeleistung ist ein Straftatbestand. Welche Strafe droht hier?

Schwind: Nach § 323 c StGB kann ein Beobachter, der in einer Notsituation nicht hilft, mit einer Freiheitsstrafe bis zu einem Jahr oder mit Geldstrafe bestraft werden. Das Unterlassen der erforderlichen Hilfe ist aber nur dann strafbar, wenn Vorsatz vorliegt und dem Zuschauer die Hilfeleistung auch zumutbar ist. Zumutbarkeit liegt nicht vor, wenn sich der Zuschauer durch sein Verhalten einer erheblichen eigenen Gefahr aussetzen würde – eine Bedingung, die nicht nur bei Straftaten meist bereits zutrifft.

Quellenangabe: www.ruhr-uni-bochum.de (aufgerufen 30. 1. 2014)

Wissen und können **2. Schritt: Den Informationstext planen**

- Eine **sinnvolle Reihenfolge der Informationen** ist wichtig, damit die Leser sie verstehen.
- Gib deinem Text eine **klare gedankliche Struktur** („roter Faden“) und ordne die Informationen dementsprechend, z. B.:
  Ursache → Wirkung → Folgen oder: *Vergangenheit → Gegenwart → Zukunft* oder:
  Problem → Ursachen → Lösung oder: *Problem → Lösung → Umsetzung*.

7 **a** **Überlege, welche der Informationen über den Sachverhalt „Bystander-Effekt“ für deine Mitschülerinnen und Mitschüler wichtig sind. Lege im Heft eine Mind-Map mit möglichen Fragen an.**
b **Nutze die Mind-Map, um die Informationen zu ordnen, die die Materialien auf den Seiten 4 bis 6 geben.**

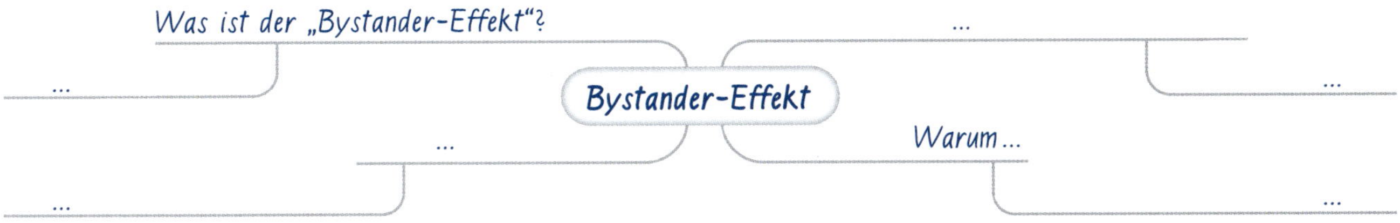

8 **a** **Kreuze an, welche gedankliche Struktur für deinen Informationstext geeignet ist.**
b **Begründe deine Entscheidung.**

A ☐ Vergangenheit – Gegenwart – Zukunft
B ☐ Problem – Ursachen – Lösungen
C ☐ Ursache – Wirkung – Folgen
D ☐ Problem – Lösung – Umsetzung

Struktur ______ *ist geeignet, weil* ______________________________

____

Wissen und können **3. Schritt: Den Informationstext schreiben und überarbeiten**

- **Gliedere** deinen Text in **Überschrift, Einleitung** (Thema, W-Fragen), **Hauptteil** (Beschreibung und Erklärung der Sachverhalte in einer klaren gedanklichen Struktur) und **Schluss** (Zusammenfassung, Ausblick).
- Mache durch **Absätze** die Gliederung deines Textes deutlich.
- Schreibe **mit eigenen Worten** und formuliere **sachlich** ohne persönliche Wertungen.
- Schreibe vorwiegend im **Präsens** und gib Äußerungen Dritter in **indirekter Rede** wieder (► S. 41).
- Mache die **Zusammenhänge** der Informationen (Ursache, Wirkung etc.) auch **sprachlich** deutlich, z. B. durch **Satzverknüpfungen** wie *weil, daher, denn, sodass* etc.

9 **Arbeite für den Hauptteil deines Textes die von dir gewählte gedankliche Struktur (► Aufgabe 8) aus.**
a **Überfliege erneut alle Materialien auf den Seiten 4 bis 6 sowie deine Fragen in deiner Mind-Map zu Aufgabe 7 b.**
b **Übertrage in die folgende Übersicht deine gewählte gedankliche Struktur und ordne ihr stichwortartig die passenden Informationen zu.**

Problem ____________ ______________________________

____________ ______________________________

____________ ______________________________

10 **a Der Informationstext soll in der Schülerzeitung erscheinen. Kreuze an, welche der folgenden Sätze geeignet sind, die Neugier deiner Mitschülerinnen und Mitschüler zu wecken.**

A ☐ Vor Kurzem wurde im Bus eine Mitschülerin angepöbelt, obwohl ...

B ☐ Es scheint in unserer Gesellschaft Alltag zu sein, dass ...

C ☐ Der „Bystander-Effekt" ist ein bemerkenswertes Phänomen, weil ...

D ☐ Auf dem Schulhof gibt es immer wieder Handgreiflichkeiten, bei denen ...

b Begründe deine Wahl.

Satz ____ ist geeignet, die Neugier meiner Leser zu wecken, weil ____________________

____

11 **a Worum geht es in dem folgenden Auszug, der den Text „Ist Zivilcourage Glückssache?" (▶ S. 4) einleitet? Fasse in deinem Heft das Thema des Auszugs knapp mit eigenen Worten zusammen.**

„Menschen, die bei Schlägereien dazwischengehen, werden nicht selten als Helden gefeiert. Anscheinend ist es also nicht selbstverständlich, dass jemand eingreift, wenn er Zeuge eines Notfalls oder einer Straftat wird. Ist es auch nicht: Der ‚Bystander-Effekt' sorgt dafür, dass Menschen desto weniger Verantwortungsbewusstsein verspüren, je mehr andere Personen gleichzeitig präsent sind." (Z. 1–8)

b Begründe knapp, ob sich diese Einleitung deiner Meinung nach dazu eignet, das Leserinteresse zu wecken.

____

____

12 **a Im folgenden Schlussteil fehlen Satzverknüpfungen wie *weil, denn, wenn, dann, aber, indem, statt,* um die Zusammenhänge zwischen den Informationen auch sprachlich deutlich zu machen. Fülle die Lücken sinnvoll.**
b Verfasse in deinem Heft einen eigenen Schlusssatz. Du kannst z. B. das Wichtigste zusammenfassen, einen Ausblick geben oder mit einem Appell schließen. Achte auf geeignete Satzverknüpfungen.

__________ man weiß, dass es den „Bystander-Effekt" gibt, __________ kann man sich in Notfällen anders verhalten: Man sollte etwas mutiger der eigenen Wahrnehmung trauen, __________ man darf sich keinesfalls allein in eine kritische Situation begeben. Unterstützung kann man sich holen, __________ man zum Beispiel jemanden anspricht und um Mithilfe bittet.

13 **a Schreibe für die Schülerzeitung einen zusammenhängenden Informationstext zum Thema „Bystander-Effekt". Schreibe ins Heft und nutze deine Vorarbeiten für die Aufgaben 1 bis 12.**
b Formuliere eine passende Überschrift, die die Aufmerksamkeit für das Thema weckt.

14 **Ergänze in deinem Heft die folgenden Fragen für eine Checkliste zum Überarbeiten eines Informationstextes. Ersetze die ? durch passende Begriffe. Nutze das „Wissen und können" der Vorseiten.**

Ist der Text klar gegliedert in ?, ? und ?? Ist der Text ? und ? formuliert?

Wurde vorwiegend das ? verwendet und sind Äußerungen anderer Personen in der ? wiedergegeben?

Sind Zusammenhänge sprachlich durch ? deutlich gemacht?

Über den Inhalt einer kurzen Geschichte informieren

Wissen und können | **Merkmale einer Kurzgeschichte**

Eine **Kurzgeschichte** ist eine **knappe Erzählung,** die eine **Momentaufnahme,** z. B. eine krisenhafte Situation oder eine wichtige Episode, **aus dem Alltagsleben einer oder mehrerer Figuren** zeigt.
Kurzgeschichten haben meist folgende **Merkmale:**
- **geringer Umfang** sowie **wenige Figuren,**
- Ausschnitt aus einem **alltäglichen Geschehen,** der für die dargestellten Figuren von besonderer Bedeutung ist,
- **unmittelbarer Beginn,** der die Leser schlagartig mit dem Geschehen konfrontiert,
- **zielstrebiger Handlungsverlauf** hin zu einem **Wendepunkt (Pointe),**
- **offener Schluss,** der viele Deutungsmöglichkeiten zulässt,
- **Alltagssprache** mit einfachem Satzbau, wörtlicher Rede und Umgangssprache.

1 Lies die folgende Kurzgeschichte und formuliere anschließend deine ersten Leseeindrücke (▶ S. 10).
Tipp: Zunächst weiß der Leser nicht, wer die Geschichte erzählt. Achte auf Signale, die darauf hinweisen, wer erzählt. Du kannst auch auf Seite 10 notieren, was du bei der Geschichte empfunden hast, wie sie dir gefällt und was du evtl. noch nicht verstehst.

Dani Linde

Spiegel-Kind (2004)

Ich mag Mutters Haare. Sie sind lang, ein bisschen lockig. Im Sommer werden sie von der Sonne ganz hell. Sie glänzen und wenn sie sie mal offen trägt, duften sie und wehen um ihr Gesicht. Das finde ich schön.
Mutter hat viele Spangen und Kämmchen, damit kann sie ihre Haare zu ganz verschiedenen Frisuren stecken. Das macht sie meist, dann darf ich sie nicht anfassen. Manchmal schaue ich zu, wenn sie sich frisiert, aber das mag sie nicht besonders.
„Du machst mich ganz nervös“, sagt sie.
Meine Haare sind dünn und fransig. Cordula hatte Mutters Haare – das sieht man auch auf den Fotos. Manchmal schau ich sie mir an, Mutter hat ihr oft Zöpfe geflochten. Auch Cordulas Kleider sind sehr schön. Die trage ich jetzt. Nur mir stehen sie nicht so gut. Eigentlich trägt kein Mädchen mehr solche Kleider. Und ich bin zu groß und dünn dafür. Bohnenstange.
Deshalb stehe ich bei den Ballettaufführungen auch immer in der hinteren Reihe. Auch wenn ich mir noch so viel Mühe gebe, ich glaube nicht, dass mir Frau Berner auch mal eine Solo-Rolle gibt. Frau Berner weiß gar nicht, dass Cordula nicht mein richtiger Name ist, ich heiße Corinna. Aber außer meinen Eltern und mir weiß das niemand. Braucht auch keiner zu wissen. Ist unser Geheimnis.
Vater hat Mutter heute so einen dreiteiligen Klappspiegel mitgebracht und im Bad aufgehängt.

„Damit sich mein Goldstück für mich immer schön machen kann“, meinte er. Den alten Spiegel hängte er an die Wand gegenüber.
Wenn man sich zwischen die beiden Spiegel stellt und die beweglichen Teile von dem Klappspiegel richtig dreht, sieht man sich ganz oft, von allen Seiten, wirklich alles. Da gibt es mich vielleicht hundertmal oder so.
Ich hab mich genau angesehen. Meine Augen sind grün. Ganz verwaschen, hat Vater mal gesagt. Nicht so blau wie die von Mutter und Cordula. Dazu die Knubbelnase. Aber ich konnte gar nicht aufhören zu schauen in meine Augen, so oft waren sie da und

immer weiter weg. Corinna, Corinna, Cordula, Corinna. Ganz fremd. Nur noch meine Gedanken. Weggehen. In ein fremdes Land, wo niemand mich kennt. Corinna, Cordula.

Morgen ist Cordulas Geburtstag. Ich hab eigentlich im Mai. Aber das feiern wir nicht. Geschenke und einen Kuchen gibt es immer an Cordulas Geburtstag. Morgen werd ich neun. Kurz nach ihrem neunten Geburtstag ist Cordula gestorben. Jetzt wäre sie schon neunzehn. Aber darüber reden wir nicht. Manchmal schauen sich Vater und Mutter die alten Fotos an.

„Sie wird immer meine kleine Prinzessin bleiben“, sagte Vater.

Mich hat er damit nicht gemeint.

Als er vorhin mit dem Spiegel in dem großen Karton heimkam, dachte ich zuerst, es ist vielleicht das Geburtstagsgeschenk für mich. Dabei bekomme ich morgen Ballettschuhe. Ich habe bis jetzt immer das bekommen, was sie auch Cordula zu ihrem Geburtstag geschenkt haben. Was wird im nächsten Jahr sein?

Und im Spiegel das Gesicht, Gesicht, Gesicht. Ich bin schon ganz weit weg. Ich möchte hineingehen in den Spiegel. Noch einen Schritt und noch einen. Bis ich mich selbst nur noch ganz klein sehe. Meine zotteligen Haare nicht mehr zu erkennen sind, die Augenfarbe schon lange nicht mehr und vielleicht auch nicht, dass das Kleid zu kurz ist. Eine Träne rollt über das Spiegelgesicht, zehn, hundert, tausend Tränen, ein Meer, in dem ich davonschwimme unter dem weiten Himmel. Mutter und Vater stehen am Ufer und rufen. Rufen sie Cordula oder Corinna? Ich kann sie nicht verstehen. Egal, was sie rufen. Ich kehre nicht um, ich schwimme.

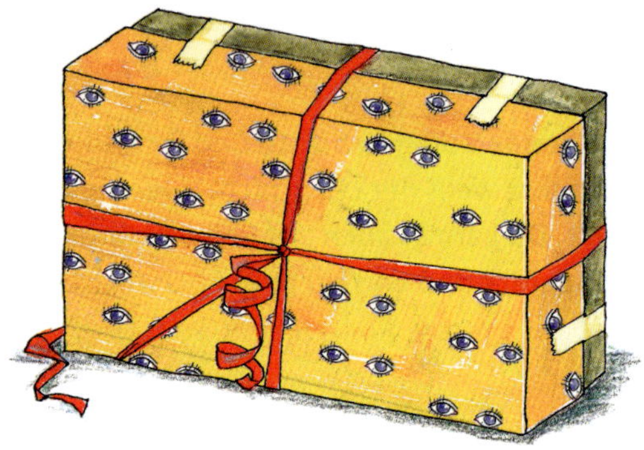

Leseeindrücke: ______________________________

____

____

____

____

2 **Notiere, welche Merkmale einer Kurzgeschichte auf Dani Lindes „Spiegel-Kind“ zutreffen.**

Die Geschichte hat einen ______________ *Umfang und stellt eine*

Situation aus dem Alltag der ______________ *, nämlich*

____

____

Der Geschichte beginnt ______________________________

____

____

____

____

Wissen und können | **Eine Geschichte zusammenfassen I – Die Einleitung**

- Damit andere, die eine Geschichte nicht gelesen haben, **über das Wesentliche informiert** werden, fasst man ihren **Inhalt knapp und sachlich zusammen.**
- Die **Einleitung** einer solchen Zusammenfassung informiert in ein bis zwei Sätzen über die **Textsorte** (z. B. Kurzgeschichte), den **Titel, die Autorin / den Autor** und benennt mit wenigen Worten die **wesentliche Aussage** bzw. worum es in der Geschichte geht.
  → Um die wesentliche Aussage formulieren zu können, muss man sich einen **genauen Überblick über den Inhalt** (v. a. Figuren, Handlung) und die Erzählweise der Geschichte verschaffen.

3 a **Fertige nebenstehend eine Skizze an, in welcher du die in der Geschichte vorkommenden Figuren und mit Pfeilen ihre Beziehung zueinander darstellst. Hebe dabei die Hauptfigur optisch besonders hervor.**

b **Sammle im Heft Texthinweise, die zeigen, dass die Erzählerin die Identität ihrer Schwester annehmen musste, z. B.:**
Z. 23–25: „Frau Berner weiß gar nicht, dass Cordula nicht mein richtiger Name ist, ich heiße Corinna."

c **Notiere im Heft, z. B. in Form einer Tabelle, was du jeweils über Cordula und Corinna erfährst, und ziehe mit Hilfe deiner Einträge Rückschlüsse auf Corinnas Situation und Stimmung.**

Cordula	Corinna
Alter: wäre jetzt 19 (vgl. Z. 51–52)	*Alter: ...*
Aussehen: lange Haare, etwas lockig, ...	*Aussehen: dünne ...*
...	...

4 a **Erläutere knapp mit eigenen Worten, was der folgende Satz aus der Geschichte für Corinna bedeutet:**
„Ich habe bis jetzt immer das bekommen, was sie auch Cordula zu ihrem Geburtstag geschenkt haben" **(Z. 61 f.).**

b **Erkläre knapp, was der Titel „Spiegel-Kind" mit Blick auf deine Ergebnisse zu den Aufgaben 3 und 4 a aussagt.**

5 **Kreuze an, welche Formulierung die wesentliche Aussage der Geschichte am treffendsten wiedergibt.**

A ☐ Die große Trauer der Eltern
B ☐ Ballettschuhe zum Geburtstag
C ☐ Leben im Schatten der verstorbenen Schwester
D ☐ Das Ersatzkind im Spiegel

6 **Formuliere in deinem Heft mit Hilfe der nebenstehenden Textbausteine eine passende Einleitung für deine Zusammenfassung.**

... handelt von ... • Die Kurzgeschichte ... von ... aus dem Jahr ... • ... der bald neunjährigen ... • ..., die ein Leben im ... • ... mit/unter dieser Situation ...

Wissen und können | **Eine Geschichte zusammenfassen II – Der Hauptteil**

- Im **Hauptteil** werden die wichtigsten Ereignisse der **Handlung** (Handlungsschritte) in der **logisch-kausalen und zeitlich (chronologisch) richtigen Reihenfolge** zusammengefasst.
  → Ein neuer Handlungsschritt beginnt z. B., wenn der Ort wechselt, eine neue Figur auftaucht, ein Zeitsprung stattfindet oder die Handlung eine Wendung erfährt.
- Mögliche **Rückblenden** oder **Vorausdeutungen** sind in den zeitlichen Handlungsverlauf **einzuordnen.**

7 **a** **Gliedere den Text in Handlungsschritte, indem du das Absatzzeichen ⌊ einträgst.**
b **Finde für jeden Handlungsschritt eine passende Überschrift und fasse mit eigenen Worten zusammen, was jeweils geschieht. Arbeite in deinem Heft, z. B.:**

1. Handlungsschritt (Zeile 1–11): Beschreibung der Haare von Corinnas Mutter
Die Mutter hat ... Haare, die Corinna sehr bewundert.

2. Handlungsschritt (Zeile 12–...): ...

8 **a** **Benenne, wie sich Corinna insgesamt fühlt, indem du passende Adjektive/Partizipien aus dem Wortspeicher rechts auswählst oder eigene findest.**
b **Notiere Textbelege, die deine Auswahl stützen, z. B.:**

unglücklich • unsicher • wertlos • gleichgültig • ungeliebt • egoistisch • verzweifelt • hysterisch • selbstbewusst • minderwertig • übergangen

übergangen – Textbeleg: „Mich hat er damit nicht gemeint“ (Z. 57).

9 **a** **Bestimme mit Hilfe des Zeitstrahls, wie es sich mit dem Altersabstand von Corinna und ihrer Schwester verhält.**

Cordulas Geburt — verstirbt ... — Geburt Corinnas im ... — Corinnas 9. Geburtstag ≈ Cordulas ...

b **Sammle weitere Textstellen, die belegen, wie Corinna von ihren Eltern als „Spiegel-Kind“ behandelt wird. Berücksichtige den Geburtstag sowie Vornamen und Kleidung.**

10 ●●● **Nimm einmal an, die Eltern würden am Ende der Geschichte (Z. 75) eindeutig „Corinna“ (und nicht „Cordula“) rufen. Erläutere kurz in deinem Heft, wie dies den Sinn der Geschichte verändern würde, z. B.:**

Die Eltern würden damit anerkennen, dass ...

Wissen und können **Den Hauptteil der Textzusammenfassung sprachlich gestalten**

- Formuliere mit **eigenen Worten sachlich** und **ohne Ausschmückungen.**
- **Verdeutliche kausale und zeitliche (chronologische) Zusammenhänge** durch passende **Satzverknüpfungen oder Satzanfänge,** z. B.: *als, denn, weil, sodass, damit, nachdem, danach, zuerst* etc.
- Schreibe im **Präsens,** bei Vorzeitigkeit im Perfekt.
- Verwende **keine wörtliche Rede.** Für die **Wiedergabe** wichtiger Gedanken oder Äußerungen von Figuren gibt es unter anderem die folgenden Möglichkeiten:
  - **indirekte Rede mit Konjunktiv I** (▶ S. 40 ff.), z. B.: *Die Mutter sagt, sie **mache** sie ganz nervös.*
  - ***dass*-Satz** (das Verb im Indikativ oder Konjunktiv I), z. B.: *Sie sagt, dass sie sie ganz nervös macht/mache.*
  - ***wie*-Satz** (Verb der Rede steht in der Regel im Indikativ), z. B.: ***Wie** sie beklagt, **macht** Corinna sie nervös.*
  - **Präpositionalgefüge,** z. B.: ***Nach** ihrer Aussage macht Corinna sie ganz nervös.*

11 **Der folgende Hauptteil für die Zusammenfassung der Kurzgeschichte „Spiegel-Kind" sollte überarbeitet werden, damit vor allem die kausalen und zeitlichen Zusammenhänge deutlich werden. Schreibe die verbesserten Sätze auf, indem du die in Klammern gesetzten Verknüpfungen und Satzanfänge verwendest.**

A *Corinna bewundert die schönen Haare ihrer Mutter. Sie stellt fest, dass ihre verstorbene Schwester Cordula der Mutter sehr ähnlich gesehen hat.* (Zu Beginn der Kurzgeschichte • dabei)

B *Corinna empfindet sich selbst als nicht besonders hübsch.* (aber/jedoch)

C *In ihrem Umfeld wird sie nicht als eigenständige Person angesehen.* (auch)

D *Menschen außerhalb ihrer Familie wissen nicht einmal, dass sie nicht Cordula, sondern Corinna heißt.* (so • beispielsweise / zum Beispiel)

E *Die Eltern haben den Tod ihrer ältesten Tochter nicht verkraftet. Sie beachten Corinna kaum.* (weil)

F *Sie feiern nicht Corinnas, sondern Cordulas Geburtstag. Corinna bekommt auch keine eigenen Geburtstagsgeschenke.* (daher/zudem)

G *Cordula starb kurz nach ihrem neunten Geburtstag. Die bald ebenso alte Corinna fragt sich ängstlich, was die Zukunft bringen wird.* (da • auf Grund der Tatsache, dass)

H *Der Vater schenkt der Mutter einen Klappspiegel. Corinna betrachtet sich darin.* (als/nachdem)

I *Sie wünscht sich ein eigenständiges Leben. Sie ahnt aber, dass dies unmöglich ist. Sie ist das „Ersatzkind" der Eltern.* (obwohl • denn/da/weil)

12 **a Gib die folgende direkte Rede in indirekter Rede wieder (▸ Wissen und können, S. 41):**

„‚Sie wird immer meine kleine Prinzessin bleiben', sagte ihr Vater" (S. 10, Z. 55 f.).

b Formuliere die beiden folgenden Gedanken der Figur Corinna als *dass*- oder *wie*-Satz oder als Präpositionalgefüge (▸ Wissen und können, S. 41):

„Frau Berner weiß gar nicht, dass Cordula nicht mein richtiger Name ist […]" (S. 9, Z. 23 ff.).

„Was wird im nächsten Jahr sein?" (S. 10, Z. 63 f.)

13 **Verfasse in deinem Heft eine eigenständige Zusammenfassung der Kurzgeschichte „Spiegel-Kind" (▸ S. 9–10).**

Eine Stellungnahme überzeugend formulieren – Ein Schul-Internet-Führerschein für alle, ja oder nein?

Wissen und können **Argumentieren – Behauptung, Begründung, Beispiel/Beleg**

- Beim **Argumentieren** vertrittst du deine Position überzeugend. Du stellst für deinen **Standpunkt** unterschiedliche **Behauptungen** auf, die du durch **Begründungen** stützt und durch **Beispiele** veranschaulichst bzw. durch **Belege** bekräftigst.
- Je deutlicher du die Zusammenhänge zwischen den **drei Bausteinen** einer Argumentation ausformulierst, umso überzeugender ist sie, z. B.:
  - **Behauptung** *Ein Leben ohne digitale Medien ist heute nicht mehr denkbar,*
  - **Begründung:** *... weil die moderne Welt den schnellen Zugang zu Informationen erfordert.*
  - **Beleg/Beispiel:** *Zum Beispiel gehört bei der Vorbereitung eines Referats die Internetrecherche selbstverständlich dazu.*
- **Überzeugende Beispiele/Belege können sein:**
  - Eine Erkenntnis aus deinem **eigenen Erfahrungsbereich,** z. B.: *In unserer Medien-AG haben wir einen Kurzfilm erstellt. Für ein solches Schulprojekt braucht man auch den Computer, mit dem man das Film- und Audiomaterial bearbeiten kann.*
  - Ein Beleg aus der **Zeitung,** eine ausgewertete **Statistik** oder ein **Expertenzitat,** z. B.: *Der Medienpädagoge Thomas Welsch hat die Erfahrung gemacht, dass Medien Jugendliche zum Mitdenken anregen, die Kreativität fördern und sogar aufnahmefähiger machen können.*

1 **Lies die folgenden Kommentare zum Thema „Schul-Internet-Führerschein" und unterstreiche in ihnen jeweils verschiedenfarbig den Standpunkt und dann die Behauptungen, die Begründungen und die Beispiele.**

Auf der Kommentarseite des Leopold-Gymnasiums wird der Vorschlag der SMV diskutiert, dass alle Schülerinnen und Schüler gegen Ende der Unterstufe einen Internet-Führerschein machen sollen.

Luna2000 (17. 9. 16:47 Uhr)
Ich fände es klasse, wenn jeder einen solchen Schul-Internet-Führerschein machen müsste. Soweit ich gelesen habe, enthält er wie andere Führerscheine auch einen Theorie- und einen Praxisteil. Man erwirbt dafür auch Kenntnisse im Urheberrecht und in Sicherheitsmaßnahmen gegen Computerviren. Dann wüsste jeder endlich genau, was im Netz erlaubt ist und was nicht. Niemand könnte sich mehr herausreden, wenn er Fotos von anderen unerlaubt online stellt. Außerdem würde man etwas über Netiquette lernen, sodass die Leute höflicher miteinander umgehen würden. Das ist z. B. für Chats wichtig. Allerdings ...
weiterlesen

Fred777 (17. 9. 16:58 Uhr)
Eine Pflicht zum Schul-Internet-Führerschein halte ich für völlig übertrieben, weil das Internet ja nicht so gefährlich ist wie ein Auto. Wenn man nicht vernünftig surft, gefährdet man ja niemanden anderen. Wenn ich etwa einen Virus auf meinem Computer habe, ist das nur mein Problem. Da könnten wir unsere Unterrichtsstunden sinnvoller nutzen. Ich benötige doch keine Urkunde, um ins Netz zu gehen ...
weiterlesen

Xerx (17. 9. 17:13 Uhr)
Für mich wäre ein Schul-Internet-Führerschein sehr sinnvoll. Zum Beispiel würde ich dann nicht mehr so viel Zeit mit sinnlosem Herumsurfen verschwenden. Denn man müsste für den Führerschein lernen, wie man im Internet gezielt recherchiert. Außerdem wüsste man dann genau, welchen Websites und Informationen man vertrauen kann. ...
weiterlesen

Sol99 (17. 9. 17:20 Uhr)
Der Medienforscher Prof. Perke rät von einem verpflichtenden Internet-Führerschein ab. Er hat herausgefunden, dass Kinder sehr motiviert sind, Medienkompetenz von sich aus zu erwerben. Ein wichtiger Einwand gegen einen Schul-Internet-Führerschein ist also, dass er Jugendlichen den Spaß am selbstständigen Entdecken im Netz verderben könnte. Meiner Meinung nach ist ein verpflichtender Führerschein deshalb nicht zu empfehlen.
Ich kann zwar verstehen, dass ...
weiterlesen

Wissen und können **Ideen/Stoff sammeln und die Einleitung schreiben**

- **Kläre** zunächst die **Themafrage,** zu der du Stellung nimmst. Bilde dir eine **eigene Meinung** und **sammle** für deine **Position Behauptungen** sowie **Begründungen** und **Beispiele.**
- Notiere auch mindestens **ein wichtiges Gegenargument,** das gegen deine Position spricht und das du **entkräften** kannst.
- Führe in der **Einleitung** in das **Thema** ein: Nenne zum Beispiel den Anlass oder die Absicht deiner Stellungnahme. Wecke Interesse, indem du verdeutlichst, warum das Thema diskussionswürdig ist, z. B.: *Mit Interesse habe ich …; Im Blog … wird eine …*
- Leite gegen Ende der Einleitung zum **Hauptteil** über, indem du die **Themafrage** nennst, z. B.: *Im Folgenden nehme ich zu der Frage Stellung, …*

2 a **Formuliere die Themafrage, zu der in den Kommentaren auf Seite 15 Stellung bezogen wird.**

---

b **Notiere knapp deine Position zum Thema „Schul-Internet-Führerschein", z. B.: *Ich bin für/gegen …***

---

3 **Bereite eine eigene ausführliche Stellungnahme für die Kommentarseite zum Vorschlag der SMV vor.**
a **Markiere im folgenden Text Aussagen und Informationen, die deine eigene Position unterstützen.**

Sicher im Straßenverkehr – sicher im Internet

Fahrradfahren ohne Fahrradprüfung? Gewiss ist das erlaubt, aber nicht empfehlenswert! Ebenso wenig sinnvoll ist es, sich ohne Schulung im Internet zu bewegen. Viele Gefahren lauern dort – ebenso wie im Straßenverkehr. Deshalb bieten immer mehr Schulen einen Internetführerschein an. Dabei wird in Theorie und Praxis betrachtet, welche Chancen das Internet bietet, aber auch welche Risiken es birgt. Man lernt z. B., mit dem schier unendlichen Informationsangebot zurechtzukommt, ohne sich darin zu verlieren, vertrauenswürdige Quellen zu erkennen und sie von Falschmeldungen abzugrenzen. Nicht weniger wichtige Themen sind die Wahrung von Persönlichkeitsrechten, die mögliche Suchtgefahr, die Selbstdarstellung im Netz oder das Cybermobbing. Vielleicht kommen dabei Vokabeln, Grammatik und mathematische Formeln für ein, zwei Wochen zu kurz, aber darauf sollte sich schulisches Wissen nicht beschränken.

b **Ordne in deinem Heft die Aussagen und Informationen aus dem Text in Form einer Mind-Map.**
c **Ergänze die Mind-Map durch Ideen aus den Kommentaren (▶ S. 15) und eigene Gedanken.**

4 **Wie könntest du Interesse für das Thema wecken? Notiere eine Idee für die Einleitung deiner Stellungnahme.**

---

5 **Schreibe eine Überleitung zum Hauptteil.**

Mögliche Überleitungen zum Hauptteil:
Im Folgenden möchte ich zu der Frage Stellung nehmen, … • *Meiner Meinung nach …* • *Es lohnt sich, einmal darüber nachzudenken, ob …* • *Weil ich selbst …, möchte ich im Folgenden meine Position …*

Wissen und können **Den Hauptteil schreiben**

- Im **Hauptteil** erläuterst du **deine Position,** indem du deine **Argumentation** so **entfaltest,** dass du Behauptungen, Begründungen und Beispiele/Belege sinnvoll zu Argumenten verknüpfst.
- Verdeutliche den Zusammenhang deiner Argumentation, indem du deine Argumente sprachlich **bewusst einleitest** und die Bestandteile **miteinander verknüpfst,** z. B.:
  Ein Internet-Führerschein ist in meinen Augen ... Ein wichtiger / der entscheidende Grund dafür ist, ...
  Wenn ich zum Beispiel ... / Dies zeigt/belegt deutlich, dass ...; zudem; außerdem; darüber hinaus; deshalb; denn.
- Achte auf eine **sinnvolle Anordnung der Argumente.** So kann das erste oder letzte Argument, das du ausführst, besonders schlagkräftig sein, z. B.: *Besonders zu betonen ist ...*

6 **a** **Kreuze im Folgenden an, welche Position du vertrittst: Bist du pro (für) oder kontra (gegen) einen Schul-Internet-Führerschein?**
b **Formuliere mit eigenen Worten je zwei Begründungen pro (dafür) und kontra (dagegen). Orientiere dich an deinen Markierungen in den Kommentaren auf Seite 15.**

Pro: Ich bin für einen Schul-Internet-Führerschein ☐	Kontra: Ich bin gegen einen Schul-Internet-Führerschein ☐
______	______
______	______
______	______
______	______

7 **a** **Notiere für jedes der folgenden Beispiele, ob es besser zu einem *Pro*- oder *Kontra*-Argument passt.**

______ A Meine Geschwister und ich wissen schon jetzt viel besser über das Internet Bescheid als unsere Eltern.

______ B In der „Passauer Neuen Presse" wurde berichtet, dass viele Jugendliche mit privaten Daten im Internet zu nachlässig umgehen.

______ C Meine Mutter fragt mich alle zwei Minuten, was ich im Netz tue. Sie wäre endlich beruhigt.

______ D Weil er ein Video mit fremder Musik unterlegt und hochgeladen hatte, bekam unser Nachbar im vergangenen Jahr überraschend ein Schreiben von einem Rechtsanwalt.

b **Trage ein, welche Art eines Beispiels oder Belegs bei Aufgabe 7 a jeweils verwendet wird.**

eigene Erfahrung *in* ______

ein Zitat von einer Expertin/einem Experten *in* ______

nachvollziehbare Erläuterung *in* ______

ein Beleg aus der Zeitung *in* ______

8 **Formuliere zur Unterstützung deiner Position ein weiteres Argument mit seinen drei Bestandteilen aus. Schreibe in dein Heft.**

Wissen und können **Gegenargumente entkräften – Den Schluss schreiben**

- Deine Argumentation wirkt überzeugender, wenn du ein **Gegenargument nennst** und dieses **entkräftest** oder widerlegst, z. B.:
  Es ist zwar nachvollziehbar, wenn ... ⟷ Aber viel entscheidender ist, ...
  Sicherlich kann man einwenden, dass ... ⟷ Dennoch sollte man berücksichtigen, ...
- **Bekräftige** zum **Schluss** noch einmal **deine Position,** indem du die **Themafrage zusammenfassend beantwortest oder** einen **Vorschlag,** eine **Forderung** bzw. einen **Wunsch** als Ausblick für die Zukunft **formulierst.** Du kannst auch eine Bedingung nennen, die eingehalten werden müsste, z. B.:
  Wenn ..., fände ich es ...; Falls ..., könnte ich mir vorstellen, ...

9 a **Kreuze an, mit welchen der folgenden Verknüpfungswörtern du Gegenargumente einleiten kannst.**

A ☐ obwohl ... dennoch/trotzdem ... B ☐ nämlich C ☐ weil/da
D ☐ auch wenn ... so ... E ☐ zwar ... aber ... F ☐ außerdem

b **Die folgenden Behauptungen stehen für die Position pro Internet-Führerschein. Entkräfte jede Behauptung unter Verwendung der mit Pfeil (⟷) gekennzeichneten Gegenbehauptungen. Schreibe in dein Heft.**
Tipp: Nutze die von dir in Aufgabe 9 a angekreuzten Verknüpfungswörter.

A Ein Schul-Internet-Führerschein verspricht einen verantwortungsvolleren Umgang mit Daten.
⟷ Viele würden sich trotz Führerschein nicht an Regeln halten. *Auch wenn ein ...*

B Beim Erwerb eines Schul-Internet-Führerscheins kann man lernen, wie man sich sicher im Netz bewegt.
⟷ Viele Jugendliche sind sich der Gefahren längst bewusst und kennen sich mit dem Internet bestens aus.

C Ein Schul-Internet-Führerschein trägt dazu bei, dass man im Netz sachlicher und rücksichtsvoller miteinander umgeht.
⟷ Rücksichtsvolles Verhalten ist eine grundlegende Einstellung, die vor allem durch das Elternhaus und durch das soziale Umfeld erfahren und nicht durch einen Führerschein erworben wird.

10 **Notiere Ideen für deinen Schluss. Vergewissere dich deiner grundsätzlichen Position und runde deine Stellungnahme z. B. mit einem Vorschlag für die Zukunft ab.**

11 a **Nimm mit Hilfe deiner Vorarbeiten (▸ S. 15–18) Stellung zum Thema Schul-Internet-Führerschein. Schreibe einen Beitrag für die Kommentarseite (▸ S. 15) in dein Heft, indem du mindestens zwei Argumente vollständig ausführst (Argument = Behauptung, Begründung, Beispiel) und ein Gegenargument entkräftest.**

b **Überarbeite deine Stellungnahme. Beachte dabei besonders folgende Gesichtspunkte:**
- Absätze zwischen Einleitung, Hauptteil und Schluss
- Überleitung zum Hauptteil
- sinnvolle Reihenfolge der Argumente
- Verknüpfung der Argumente/Beispiele

12 ●●● **Nimm die deiner Meinung entgegengesetzte Position ein und formuliere eine vollständige Stellungnahme. Schreibe in dein Heft und überarbeite deinen Text, indem du die Gesichtspunkte prüfst, die in Aufgabe 11 b dafür genannt sind.**

Stimmungen schildern – In München surfen

Wissen und können **Stimmungen in einer Reportage schildern**

- Eine Reportage soll **informieren und unterhalten.** Daher enthält sie **informierende Textteile,** die sachliche Informationen und Antworten auf die W-Fragen geben, sowie **schildernde Textstellen.**
- **Schildern** bedeutet, eine Situation oder eine Stimmung so genau zu beschreiben, dass die Leser diese möglichst **anschaulich und lebendig** vor Augen haben. Schilderungen legen Wert auf **Wahrnehmungen, Sinneseindrücke** (was man sieht, hört, riecht, schmeckt, fühlt) und auf **persönliche Gedanken und Gefühle** der Beteiligten. All diese Beobachtungen werden im Detail wiedergegeben.
- Wichtige **Stil-** bzw. **Gestaltungsmittel** einer **Schilderung** sind:
  - **anschauliche Adjektive und Partizipien,** z. B.: *flaschengrün, beklemmend,*
  - **ausdrucksstarke Verben,** z. B.: *sich überschlagen, tosen, rauschen,*
  - **sprachliche Bilder** wie
    - Vergleiche, z. B.: *flink wie ein Fisch im Wasser,*
    - Metaphern, z. B.: *die Surfer stehen in einer Schlange,*
    - Personifikationen, z. B.: *Die Wellen tanzen.*
  - **Aufzählungen und Wiederholungen** (zur Hervorhebung), z. B.: *Alles ist eng, überfüllt, dicht gedrängt.*
  - Wiedergabe von **wörtlicher Rede,**
  - Die Zeitform **Präsens,** um das Ereignis so darzustellen, als ob es gerade geschieht.

1 **Stell dir vor, du besuchst im Sommer die abgebildete Stelle des Münchner Eisbachs im Englischen Garten. Notiere deine möglichen Sinneseindrücke.**

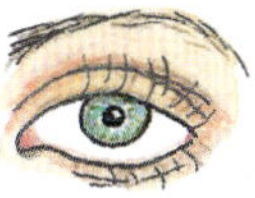

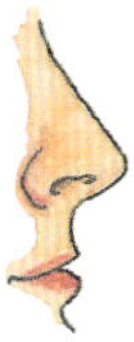

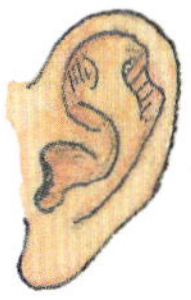

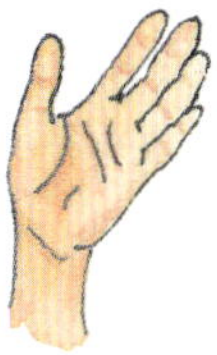

2 **Schildere die Stimmung am Eisbach anschaulich: Ergänze in der Übersicht je fünf weitere Wörter.**

ausdrucksstarke Verben: *staunen, abwarten, hervorschießen,*

anschauliche Adjektive und Partizipien: *aufregend, geduldig, wasserreich,*

3 **Ordne den Eindrücken in der linken Spalte jeweils einen passenden Vergleich aus der rechten Spalte zu: Verbinde, indem du eine Linie ziehst.**

A eine erwartungsfrohe Stimmung	a wie an einem Wasserfall
B ein tosendes Geräusch	b wie in einer Bahnhofshalle
C Stimmengewirr	c wie vor einem Zirkusbesuch
D ein Hupen auf der Straße	d als wäre das Chaos ausgebrochen

4 **Schreibe auf, was du beim Besuch des Münchner Eisbaches denken und fühlen könntest.**

Mit dem Blick auf die Surfer und dem Stimmengewirr im Ohr habe ich das Gefühl,

Bei all dem bunten Treiben am Bach frage ich mich,

5 **Der folgende Auszug aus einer Schilderung ist nicht gelungen. Überarbeite ihn in der Randspalte.**
a **Streiche wenig aussagekräftige Verben und ersetze sie durch treffendere.**
b **Ergänze an geeigneten Stellen anschauliche Adjektive/Partizipien.**

... Vier Surfer stehen am Rand und schauen aufs Wasser. Die Blicke der Zuschauer sind gespannt, sie wollen wissen, was passiert. Das Geräusch der Welle ist sehr laut ...

6 **Schildere die Situation aus der Sicht des Surfers, der mit seinem Brett am gegenüberliegenden Ufer steht.**
– Was nimmt er wahr?
– Welche Gefühle und Gedanken gehen ihm durch den Kopf?
Arbeite im Heft.

7 **Lies die folgende Reportage „Der verflixte Münchner halbe Meter“ sorgfältig.**

a **Notiere am Rand alle ausdrucksstarken Verben sowie anschauliche Adjektive und Partizipien.**

b **Markiere im Text mit unterschiedlichen Farben sprachliche Bilder, Aufzählungen und Wiederholungen.**

Sebastian Eder

Der verflixte Münchner halbe Meter – Surfen im Eisbach (FAZ.NET, 23.07.2013)

Als ich Ronaldo Friesens Surfladen in der Münchner Innenstadt verlasse, stehe ich mit dem Brett unterm Arm mitten in einer der bestbesuchten Fußgängerzonen Deutschlands. Ich kämpfe mich durch die Menschenmassen Richtung Eisbach, vorbei an Designerläden, Straßenmusikern und Touristenattraktionen. In jeder anderen Stadt Deutschlands wäre ich mit einem Surfbrett unter dem Arm wohl selbst eine kleine Attraktion, die Münchner würdigen mich keines Blickes.

Surfer gehören hier schon lange zum Stadtbild – wegen des Eisbachs im Englischen Garten. Dieses Bächlein fließt größtenteils unterirdisch durch München. Eine Steinstufe an der Austrittsstelle des sehr wasserreichen und schnell fließenden Eisbaches erzeugt eine etwa halbmeterhohe, „stehende Welle“ genannte Stromschnelle. Der Treffpunkt für Surfer und Schaulustige. Auf der Brücke, unter der das Wasser hervorschießt, bevor es sich auftürmt, schießen Touristen ihre Fotos. [...]

Ich setze mich ans Ufer und beobachte, wie sich ein Surfer nach dem anderen in den Eisbach stürzt. Auch wenn man schon viele „richtige“ Wellen am Meer gesurft ist, das erste Mal am Eisbach erinnert an den ersten Sprung von Zehnmeterbrett. Die Welle ist zwar nur einen halben Meter hoch, soll es aber in sich haben. Dazu die Schwimmbad-Situation, sich anstellen zu müssen, beobachtet zu werden, während man wartet und schließlich ins Wasser springt.

Die erfahrenen Flusssurfer nehmen mit ihren Brettern in der Hand am Ufer ein paar Schritte Anlauf, springen ab, fliegen kurz durch die Luft, platzieren währenddessen das Brett unter ihren Füßen und rasen dann in der kleinen Welle auf und ab.

Am Ufer reihen sich die Surfer geduldig hintereinander auf, ein paar andere, die gerade Pause machen, sitzen daneben um einen Bierkasten herum. Der Geruch von gegrilltem Fleisch liegt in der Luft, aus einer Stereoanlage schallt Rock-Musik.

Jetzt oder nie. Ich ziehe den Neoprenanzug an, packe mein Surfbrett und stelle mich in die Schlange neben den schmalen, reißenden Bach. Fünf Surfer vor mir. Ein Tourist spricht mich an, er will wissen, aus welchem Fluss das Wasser denn ursprünglich komme. Aus der Isar. Drei Leute vor mir, zwei hinter mir. Es ist das gleiche Problem wie auf dem Sprungturm im Schwimmbad: Zwischen dem Moment, in dem man sich entscheidet, und dem Sprung liegt eine quälend lange Zeit. Sobald man in der Schlange steht, kann man aber nicht mehr zurück, am allerwenigsten, sobald man in den Abgrund blickt. Oder in den reißenden Fluss.

Ich stehe ganz vorne, fünf Surfer hinter mir. Gefühlte hundert Blicke ruhen auf mir. Vorsichtig lege ich das Brett ins Wasser, platziere meine Füße

darauf, atme tief durch und stoße mich ab. Ungefähr so lange, wie man nach dem Sprung vom Zehnmeterbrett Richtung Wasser stürzt, kann ich mich auf der eigentlich lächerlich kleinen Welle halten, dann überschlage ich mich und versinke in den Fluten. [...]
Als ich nach meinem ersten Versuch als Flusssurfer wieder aus den Fluten auftauche, rase ich in der Strömung am Ufer entlang. Ein Fehler wird mir bewusst: So genau ich die Surfer beim Sprung ins Wasser beobachtet habe, so wenig habe ich zugesehen, wie sie danach wieder an Land kommen. Ich versuche mich an einem Ast festzuhalten, der ins Wasser ragt.
Interessiert beobachten mich ein paar Jugendliche, die wenige Meter entfernt in der Sonne baden. Keine Chance, die Strömung hat zu viel Kraft, der Ast wird mir aus den Fingern gerissen. Gleich verschwindet der Bach hinter einer Kurve, endlich kann ich mich ans Ufer retten.
Völlig außer Atem ziehe ich mein Brett aus dem Wasser und bleibe ein paar Sekunden auf der Wiese liegen. Auf der anderen Seite des Eisbaches paddelt eine junge Surferin bedächtig ans Ufer. Das Wasser plätschert unter ihr ruhig vor sich hin – eine Gegenströmung. Entspannt klettert das Mädchen an Land. Ich packe mein Brett, laufe durch den Englischen Garten, vorbei an den sonnenbadenden, grinsenden Jugendlichen, und stelle mich wieder in die Schlange. Es kann nur besser werden.

8 a **Vergleiche ab Zeile 37 bis Zeile 51 deine Ergebnisse zu Aufgabe 7 (► S. 21) mit den Verben und Adjektiven/Partizipien, die du für deine Schilderung des Geschehens verwendet hast (► Aufgabe 6, S. 20).**
b **Überarbeite im Heft deinen Text, indem du evtl. weniger gelungene Formulierungen gegen ausdrucksstärkere und anschaulichere Begriffe austauschst.**
Tipp: Du kannst die Wörter aus der Reportage „Der verflixte Münchner halbe Meter" verwenden.

9 **Stell dir vor, du sitzt wie die Person auf dem Foto als Zuschauerin oder Zuschauer am Eisbach.**
a **Verfasse eine vollständige Schilderung der Situation. Nutze deine Ergebnisse aus den Aufgaben 1 bis 5 und Begriffe aus Aufgabe 7 (► S. 21).**
b **Unterstreiche in deinem fertigen Text alle schildernden Teile.**

Teste dich!

Die drei Grundformen des Schreibens unterscheiden

1 **Die drei Grundformen des Schreibens sind das Informieren, das Argumentieren und das Erzählen. In Textsorten wie z. B. Reportage oder auch Kommentar werden die Grundformen gern miteinander kombiniert.**

a **Markiere in dem folgenden Textauszug mit drei unterschiedlichen Farben die erzählenden, informierenden und argumentierenden Textabschnitte. (je 2 Punkte, insgesamt 6 Punkte)**

b **Begründe deine Entscheidung, indem du in der Randspalte die Merkmale der entsprechenden Grundform des Schreibens notierst, die auf die entsprechende Textstelle zutreffen. (je 4 Punkte, insgesamt 12 Punkte)**

Tipp: Greife auf die Begriffe aus dem folgenden Wortspeicher zurück oder formuliere eigene Erläuterungen.

zahlreiche sprachliche Bilder • reales Geschehen • Behauptung • Spannung • sachlich • überzeugen • wenige sprachliche Bilder • subjektiv • Aufforderung • unterhalten • Expertenwissen • Information • anschauliches Beispiel • Fakten • Darlegung der eigenen Position • erzählend • Appell • Glaubwürdigkeit • persönliche Erfahrung • fiktive Welt • Begründung • anschauliche Adjektive/Partizipien

Als ich neulich in einem Supermarkt war, habe ich einmal versucht, auf Nachhaltigkeit zu achten. Gar nicht so einfach! Natürlich nehme ich nicht die eingeschweißte Bio-Gurke, aber die Gurke ohne Plastikhülle stammt aus der konventionellen Landwirtschaft! Und vor dem Kühlregal ging es mir ähnlich: Nur Milch ohne Bio-Kennzeichnung gab es in der Mehrwegflasche. Die Milch aus ökologischer und regionaler Landwirtschaft war in diesem Geschäft nur im Tetra Pak erhältlich – da ist es schwierig, zum nachhaltigsten Produkt zu greifen. Und das ist das Problem:

Jede/r Deutsche produziert derzeit 212,5 Kilogramm Verpackungsmüll im Jahr. Erhebungen des Bundesumweltministeriums ergeben, dass zwei Drittel davon Verpackungen für Getränke und Nahrungsmittel sind.

Der Verzicht auf diese Verpackungen aus Plastik ist aber sehr schwer zu realisieren.

Während nämlich an den Gemüse- und Obstregalen zumindest noch manches Erzeugnis lose zu kaufen ist, sind die meisten anderen Lebensmittel weder unverpackt noch in einer Mehrwegverpackung verfügbar. Sogar die Pappschachteln, in denen es manche Nudelsorten gibt, haben ein Sichtfenster aus Plastik. Je näher man der Kasse kommt, desto schlimmer wird es: Pralinen werden zunächst einzeln eingehüllt, dann in eine Schachtel gepackt, in der sie in einer Kunststoffeinlage sortiert sind. Bei manchen Marken wird diese Schachtel dann zusätzlich noch mit Plastik umhüllt – eine Katastrophe.

2 **a** **Zähle die Punkte, die du erreicht hast, mit Hilfe des Lösungsheftes zusammen (► S. 10).**

b **Übe erneut mit Hilfe der Seiten 4 bis 22, wenn du weniger als 14 Punkte erreicht hast.**

Einen Sachtext lesen und verstehen – Ein Künstler in New York

Wissen und können | **Texte methodisch auswählen – Das überfliegende (diagonale) Lesen**

- Texte können unterschiedlich intensiv gelesen werden, je nachdem, welche **Leseabsicht** man verfolgt.
- Das **überfliegende (diagonale) Lesen** hilft dir, einen Text daraufhin zu **prüfen,** ob er sich für einen bestimmten **Zweck eignet** bzw. zu einer **bestimmten Fragestellung Informationen enthält,** die man z. B. für eine Argumentation benötigt. Gehe so vor:
  1. Lies die **Überschrift** und die **ersten Zeilen** der Textabsätze.
  2. Betrachte dann die **Abbildung/-en,** sofern vorhanden. Überlege, worüber der Text informieren könnte.
  3. **Überfliege** den gesamten Text, indem du mit den Augen zügig in Schlangenlinien oder im Zickzack-Verfahren über den Text gleitest und nach **Signalwörtern** (meist Nomen) Ausschau hältst.
  4. **Prüfe,** ob der Text **für dein Anliegen geeignet** ist und deshalb genau gelesen werden muss.

1 **Stelle fest, worüber die folgende Reportage informiert. Lies dazu die Überschrift und die ersten Zeilen der Textabsätze. Betrachte auch das Foto auf Seite 25 und kreuze an.**

Die Reportage informiert über ...

- [ ] Jason Polans Ausstellung in New York.
- [ ] Jason Polans besonderes Projekt.
- [ ] Jason Polans Lieblingsbild.
- [ ] Jason Polans neues Buch.

Jason Polan will alle Einwohner New Yorks zeichnen

(AFP[1], 16. 03. 2011)

Jason Polan ist auf einer kühnen Mission. Er will jeden einzelnen Einwohner New Yorks zeichnen. Insgesamt also fast neun Millionen Porträts.

Die Motive werden Jason Polan so bald nicht ausgehen. Ungefähr 14 000 Porträts hat der 28-Jährige schon mit flinken Handbewegungen zu Papier gebracht. Acht Millionen weitere sollen noch folgen. Denn der Illustrator aus New York hat sich auf eine kühne Mission begeben: Er will jeden einzelnen Einwohner der Riesenstadt New York zeichnen. Als stiller Beobachter postiert sich Polan an Bahnhöfen, am Straßenrand und in Parks und zeichnet Passanten, ohne dass die es merken. Eine Minute braucht er pro Bild.

Motiv = thematisch kennzeichnender Inhalt

Polan weiß selbst um die Unmöglichkeit seines Projekts. „Ich werde scheitern, ich werde wohl nicht alle zeichnen können, aber der Versuch macht mir Spaß", sagt der Künstler. An diesem Tag steht er still in einer Ecke des New Yorker Bahnhofs Grand Central. Ganz unauffällig fügt er sich in die Menschenmasse ein, die ihn so fasziniert. Ein Mann mit einem Gipsbein, eine Frau mit einem Paket, ein Buckliger, ein Passant mit Hut – Polan zeichnet, ohne auch nur auf seinen Block zu schauen. Es bleibt nur Zeit für einige wenige charakteristische Striche. Seine Motive eilen schnell vorbei. Jede Skizze muss sofort sitzen, Polan bessert die Zeichnungen später nicht nach. „Mir geht es vor allem um Natürlichkeit", sagt er. Diese Natürlichkeit will er erreichen, indem er heimlich zeichnet und die Porträtierten gar nicht erst um Erlaubnis bittet. „Es ist eine Art Versteckspiel." Die Zeichnungen veröffentlicht er auf seiner Webseite [...].

Es ist eine Leidenschaft fürs Katalogisieren, die den Künstler treibt. Einmal kaufte Polan eine Tüte Popcorn und zeichnete jedes einzelne Stück Knabbermais aus der Packung. Zudem hat er jedes Kunstwerk in New Yorks riesigem Museum of Modern Art abgezeichnet. Nun sammelt er eben menschliche Gesichter, jedes einzelne datiert und mit Ortskennung versehen.

Zu den heimlich Porträtierten am Grand-Central-Bahnhof zählt die 43-jährige New Yorkerin Susan Dunlap. Während sie in einem Buch lesend auf den Zug wartete, wurde sie von Polan skizziert. „Cool", entfährt es Dunlap, als sie ihr Porträt sieht. Dass Polan sie heimlich gezeichnet hat, stört sie nicht. „New York ist eben ein ziemlich schräger Ort", sagt sie. Auch der 75-jährige Passant Carlo Dioguardi ist ganz angetan von dem Projekt. „Ziemlich gut getroffen", befindet er, als er die Skizze sieht. Sie zeigt ihn gedankenversunken mit der Hand am Kinn. Vor 50 Jahren sei er schon einmal in einem New Yorker Park heimlich von einem Künstler gezeichnet worden, erzählt er. Der Maler habe sich als Salvador Dalí entpuppt. „Ich werde diese Zeichnung gleich neben die von Dalí hängen", sagt Dioguardi.

Über seine Internetseite vereinbart Polan ab und zu Blind-Date-Termine mit interessierten New Yorkern. Sie geben eine kurze Beschreibung von sich ab, vereinbaren, zu welchem Zeitpunkt sie wo sein wollen, und Polan wartet dann irgendwo versteckt und bringt möglichst schnell und unbemerkt seine Zeichnung aufs Blatt. Am Abend schon können sich die Porträtierten das Bild im Internet anschauen. „Manchmal fühle ich mich allein, manchmal mag ich das aber auch", sagt Polan. „Ich fühle mich isoliert, aber ich weiß, dass die Leute das dann auf meiner Internetseite nacherleben können." Bei allem zeichnerischen Eifer ist dem schüchternen Künstler eines sehr unangenehm – selbst zum Motiv zu werden. „Es macht mich nervös, fotografiert zu werden", sagt er. „Es macht mich sogar nervös, wenn mich jemand zeichnet."

1 AFP: Abkürzung für *Agence France-Presse*, eine internationale Nachrichtenagentur aus Frankreich. Viele Artikel werden nur unter diesem Kürzel ohne Autorennennung veröffentlicht.

2 **Überfliege den gesamten Text und gib dessen Thema wieder, indem du es mit eigenen Worten und in einem vollständigen Satz aufschreibst.**

3 **Kreuze an, für welches Anliegen der Text geeignet ist und genauer gelesen werden sollte.**

Der Text eignet sich ...

- [ ] ... um sich einen schnellen Überblick über die zeitgenössische Kunst im Allgemeinen zu verschaffen.
- [ ] ... zur Information über verschiedene Künstler in New York.
- [ ] ... zur Information über Jason Polan und sein Projekt.
- [ ] ... als eine von mehreren Informationsquellen für ein Referat über junge Künstler und ihre Projekte.

Wissen und können **Sachtexte erschließen – Das genaue (kursorische) und das punktuelle Lesen**

Um einen Sachtext zu erschließen, musst du dessen Inhalt und Aufbau genau erfassen.

- Gehe beim **genaueren (kursorischen)** Lesen methodisch in fünf Schritten vor:
  1. Lies **wie beim überfliegenden (diagonalen) Lesen** (▸ S. 24) die Überschrift/-en, hervorgehobene Wörter und die ersten Zeilen des Textes.
  2. Lies den **Text zügig** durch und **markiere** dir **unbekannte Wörter.**
  3. **Kläre unbekannte Wörter** und Textstellen aus dem **Zusammenhang** oder indem du im **Wörterbuch** nachschlägst. Notiere deren Bedeutung neben dem Text.
  4. Lies den Text sorgfältig. Markiere **Schlüsselwörter,** die für die Aussage des Textes besonders wichtig sind, und **unterteile den Text in Sinnabschnitte.** Notiere am Rand, wenn dir etwas unklar ist, und versuche mit Hilfe des punktuellen Lesens, die Textstelle zu klären.
     – Beim **punktuellen Lesen** konzentrierst du dich auf eine kürzere Passage, um eine schwierige Textstelle richtig und genau zu erfassen oder ihr gezielt eine wichtige Information zu entnehmen.
  5. **Fasse** die Informationen des Textes in wenigen Sätzen und **mit eigenen Worten zusammen** und **verdeutliche** dabei dessen **gedanklichen Aufbau.**

4 a **Lies den Text (▸ S. 24–25) zügig durch und markiere Wörter oder Textstellen, die du nicht verstehst.**
b **Kläre ihre Bedeutung und notiere diese in der Randspalte neben dem Text auf den Seiten 24 und 25.**

5 **Einige Sätze sind in einer bildhaften Sprache verfasst. Lies die Passagen, in denen die folgenden Sätze A bis C zu finden sind, noch einmal punktuell. Kreuze für jeden Satz an, ob die angebotene Erklärung passt.**

	passt	passt nicht
A „Denn der Illustrator […] hat sich auf eine kühne Mission begeben" (S. 24, Z. 3 f.).		
a Die Aufgabe, die sich Jason Polan gesetzt hat, ist sehr schwierig.	☐	☐
b Die Aufgabe, die sich Jason Polan gesetzt hat, ist gefährlich und erfordert Mut.	☐	☐
B „Seine Motive eilen schnell vorbei" (S. 24, Z. 14 f.).	passt	passt nicht
a Da die Passanten nicht wissen, dass sie porträtiert werden, muss er sich beeilen.	☐	☐
b Die Eile der Menschen in der Stadt ist das, was er zeichnen will.	☐	☐
C „Nun sammelt er eben menschliche Gesichter, jedes einzelne datiert und mit Ortskennung versehen" (S. 24, Z. 23 f.).	passt	passt nicht
a Seine Porträts ordnet er in seinem Katalog nach einem bestimmten System.	☐	☐
b Um zu wissen, wann und wo er seine Porträts angefertigt hat, versieht er jedes mit Zeit- und Ortangabe.	☐	☐

6 a **Lies den Text im vierten Schritt sorgfältig. Markiere die Schlüsselwörter.**
b **Der Text ist bereits in fünf Sinnabschnitte unterteilt. Notiere für jeden eine kurze Zwischenüberschrift.**

Sinnabschnitt 1: ______

Sinnabschnitt 2: ______

Sinnabschnitt 3: ______

Sinnabschnitt 4: ______

Sinnabschnitt 5: ______

7 **Halte in deinem Heft den Inhalt jedes Sinnabschnittes knapp mit eigenen Worten fest und beschreibe dabei den gedanklichen Aufbau des Textes. Nutze dazu die Formulierungen aus dem folgenden Wortspeicher und gib in Klammern die Zeilen an, die der Sinnabschnitt umfasst, z. B.:**

Zu Beginn des Textes (Zeile 1 bis 7) wird Jason Polans Kunstprojekt vorgestellt: Er will alle acht Millionen Einwohner New Yorks porträtieren. Damit soll zum Thema des Textes hingeführt und …

Zu Beginn des Textes wird … • Damit soll … und das … der Leser geweckt werden. • Im … Abschnitt (Zeile … bis …) wird erklärt, … • Was … zu diesem Projekt antreibt, wird … dargestellt. • Wie die Menschen darauf reagieren …, zeigt beispielhaft … • Der abschließende Abschnitt (Zeile … bis …) zeigt noch einmal genauer, wie … Das verdeutlicht, …

8 **Mit einem Text wird in der Regel ein besonderes Ziel verfolgt, eine Intention. Die Leser sollen z. B. informiert oder unterhalten werden oder man möchte sie zu einem bestimmten Verhalten auffordern. In einem Text kann man auch mehrere Intentionen miteinander verbinden. Bestimme die Intention/-en, die mit der Reportage verfolgt wird/werden. Begründe deine Meinung.**

Intention: *Mit dem Text sollen* ____________________

____

Begründung: *Im Text finden sich viele* ____________________ *über das Kunstprojekt.*

Gleichzeitig ____________________

____

____

____

____

____

9 **Bewerte die Reportage und bestimme die Wirkung, die sie auf dich als Leser/-in hat.**

●●● a **Markiere auf dem Meinungsstrahl jeweils deine Position zu den folgenden Aussagen über den Text.**

←――――――――――――――――――→

interessantes Thema	↔	belangloses Thema
informativ	↔	wenig aussagekräftig
schwer verständliche Sprache	↔	kurzweiliger, gut lesbarer Text
abstrakte Darstellung	↔	anschauliche und lebendige Beschreibung
macht Lust, mehr über den Künstler zu erfahren	↔	weckt kein Interesse an diesem Künstler

b **Halte in deinem Heft mit Hilfe deines Meinungsstrahls deine Meinung zum Text in einigen Sätzen fest.**

Wissen und können **Eine literarische Figur charakterisieren**

- Literarische Figuren verfügen sowohl über **äußere Merkmale** wie Geschlecht, Alter und Lebensumstände als auch über **innere Merkmale** wie Charaktereigenschaften, Absichten.
- Manche Merkmale einer literarischen Figur werden im Text **direkt** benannt. Andere Merkmale werden dagegen **indirekt** dargestellt, z. B. durch die Art, wie eine Figur denkt, spricht, fühlt oder handelt. Der Leser muss sie selbst aus dem Text erschließen.
- Wenn man eine Figur charakterisiert, fasst man dazu alle äußeren und inneren Merkmale zusammen, die im Text direkt oder indirekt beschrieben werden.

8 **Lies das 14. Kapitel aus Cornelia Funkes Roman „Reckless. Steinernes Fleisch" zu Ende und vergleiche es mit der von dir geschriebene Fortführung des Kapitels (▸ S. 31, Aufgabe 7). Notiere in deinem Heft, welche Gemeinsamkeiten und Unterschiede du feststellen kannst.**

Cornelia Funke (*1958)

Reckless. Steinernes Fleisch (2010; Auszug 2 aus Kapitel 14: Das Dornenschloss)

Die Ranken krallten sich in seine Kleider, und er musste die Stiefel immer wieder aus den dornigen Schlingen befreien, doch schließlich stand er vor dem Raum, in dem vor fast zweihundert Jahren eine Fee ihr Geburtstagsgeschenk überbracht hatte.

Das Spinnrad stand neben einem schmalen Bett, das nie für eine Prinzessin gedacht gewesen war. Der Körper, der immer noch darauf schlief, war bedeckt mit Rosenblättern. Der Fluch der Fee hatte ihn in all den Jahren nicht altern lassen, aber die Haut war wie Pergament und fast so vergilbt wie das Kleid, das die Prinzessin seit zwei Jahrhunderten trug. Die Perlen, mit denen es bestickt war, schimmerten immer noch weiß, aber die Spitze, die es säumte, war inzwischen ebenso braun wie die Blütenblätter, die die Seide bedeckten.

Will stand an dem einzigen Fenster, als wäre der Prinz doch noch gekommen. Jacobs Schritte ließen ihn herumfahren. Der Stein färbte ihm nun auch die Stirn, und das Blau seiner Augen ertrank im Gold. Die Plünderer hatten ihnen das Wertvollste gestohlen, was sie hatten. Zeit.

„Kein ‚und wenn sie nicht gestorben sind'", sagte Will mit einem Blick auf die Prinzessin. „Und das hier war auch ein Feenfluch." Er lehnte sich gegen die Mauer. „Geht es dir besser?"

„Ja", log Jacob. „Was ist mit dir?"

Will antwortete nicht sofort. Und als er es schließlich tat, klang seine Stimme so glatt und kühl wie seine neue Haut.

„Mein Gesicht fühlt sich an wie polierter Stein. Die Nacht wird mit jedem Tag heller, und ich konnte dich hören, lange bevor du auf der Treppe warst. Ich spüre es inzwischen nicht nur auf der Haut." Er hielt inne und rieb sich die Schläfen. „Es ist auch in mir."

Will trat auf das Bett zu und starrte auf den mumifizierten Körper.

„Ich hatte alles vergessen. Dich. Clara. Mich selbst. Ich wollte nur noch zu ihnen reiten."

Jacob suchte nach Worten, aber er fand nicht eines.

„Ist es das, was passiert? Sag mir die Wahrheit." Will blickte ihn an. „Ich werde nicht nur aussehen wie sie. Ich werde sein wie sie, oder?"

Jacob hatte die Lügen auf der Zunge, all das ‚Unsinn, Will, alles wird gut', aber er brachte sie nicht mehr über die Lippen. Der Blick seines Bruders ließ es nicht zu.

„Willst du wissen, wie sie sind?“ Will pflückte der Prinzessin ein Rosenblatt aus dem strohigen Haar. „Sie sind zornig. Ihr Zorn bricht in dir aus wie eine Flamme. Aber sie sind auch der Stein. Sie spüren ihn in der Erde und hören ihn unter sich atmen.“

Er betrachtete die schwarzen Nägel an seiner Hand.

„Sie sind Dunkelheit“, sagte er leise. „Und Hitze. Und der rote Mond ist ihre Sonne.“

Jacob schauderte, als er den Stein in seiner Stimme hörte.

Sag etwas, Jacob. Irgendetwas. Es war so still in der dunklen Kammer.

„Du wirst nicht werden wie sie“, sagte er. „Weil ich es verhindern werde.“

„Wie?“ Da war er wieder, dieser Blick, der plötzlich älter war als er. „Ist es wahr, was du den Plünderern erzählt hast? Du bringst mich zu einer anderen Fee?“

„Ja.“

„Ist sie so gefährlich wie die, die das hier getan hat?“ Will berührte das pergamentene Gesicht der Prinzessin. „Sieh aus dem Fenster. In den Dornen hängen Tote. Glaubst du, ich will, dass du meinetwegen so endest?“

Aber Wills Blick strafte seine Worte Lügen. *Hilf mir, Jacob,* sagte er. *Hilf mir.*

Jacob zog ihn von der Toten fort.

„Die Fee, zu der ich dich bringe, ist anders“, sagte er. *Ist sie das, Jacob?*, flüsterte es in ihm, aber er beachtete es nicht. Er legte alle Hoffnung, die er hatte, in seine Stimme. Und all die Zuversicht, die sein Bruder hören wollte: „Sie wird uns helfen, Will! Ich verspreche es dir.“

Es funktionierte immer noch. Die Hoffnung säte sich auf Wills Gesicht ebenso leicht aus wie der Zorn. Brüder. Der ältere und der jüngere. Unverändert.

9 **Unterstreiche im Text alle Stellen, die dir bei der Charakterisierung von Will helfen, und notiere am Rand, was man darin über ihn erfährt.**

10 a **Will ist dabei, sich langsam in einen Goyl mit einer Haut aus grüner Jade zu verwandeln. Lies den Text noch einmal aufmerksam und gestalte dann in deinem Heft das folgende Porträt Wills farbig aus.**

b **Versetze dich in Wills Situation. Notiere in die folgenden Gedankenblasen die Gedanken, die ihm während des Gesprächs mit Jacob durch den Kopf gehen könnten, z. B.:**

All die Rosenblätter, verwelkt wie Dornröschen. Viele wollten sie retten, aber

Jacob wird bestimmt

11 **Schreibe in deinem Heft den Text um. Erzähle die Szene im Turm aus Wills Sicht in der Ich-Form.**

Ein Gedicht untersuchen – Christian Morgenstern: „Berlin"

Wissen und können | **Ein Gedicht untersuchen und verstehen**

Um ein Gedicht zu verstehen, musst du es genau lesen und seine inhaltlichen und sprachlichen Eigenheiten erkennen. Eine gründliche Betrachtung folgender Aspekte hilft dir dabei:

1 Inhalt, Thema:
- Worum geht es in dem Gedicht (Thema)? Wird eine Handlung, eine Situation/Szene beschrieben? Werden Gefühle, Eindrücke, Gedanken oder eine Stimmung dargestellt? Kann man eine Entwicklung im Gedicht feststellen? Gibt es Brüche/Wendungen?
- Was bedeutet der Titel? Welchen Bezug hat er zum Gedichttext/Thema?

2 Der Sprecher/die Sprecherin (das lyrische Ich)
- Tritt ein lyrisches Ich/Wir in Erscheinung oder ist der Sprecher nicht direkt greifbar? Gibt es einen Adressaten/eine Adressatin?

3 Formaler Aufbau (Strophe, Vers, Reimform, Metrum)
- **Strophen und Verse:** Wie viele Strophen hat das Gedicht? Sind sie alle gleich gebaut? Werden einzelne Strophen oder Verse wiederholt (Refrain)?
- **Reim:** Ist das Gedicht gereimt? Welche Reimform liegt vor?
- **Metrum:** Lässt sich ein Metrum erkennen (z. B. Jambus, Trochäus, Daktylus)? Gibt es Abweichungen?

4 Sprachliche Gestaltung
- **Sprachliche Bilder:** Welche sprachlichen Bilder (z. B. Vergleiche, Metaphern, Personifikationen) werden verwendet? Was bedeuten sie? Wie wirken sie?
- **Wortwahl:** Welche Wörter fallen auf? Gibt es Wiederholungen? Herrscht eine bestimmte Wortart vor (z. B. Nomen, Adjektive)? Gibt es Wortneuschöpfungen (Neologismen)? Welche Wirkung wird durch die Verwendung bestimmter Wörter erzeugt?

1 **Lies das Gedicht und benenne mit einem Adjektiv/Partizip, wie es auf dich wirkt.** ____________

Christian Morgenstern

Berlin (1906)

	Reimform
Ich liebe dich bei Nebel und bei Nacht,	*a*
wenn deine Linien ineinanderschwimmen, –	*b*
zumal bei Nacht, wenn deine Fenster glimmen	*b*
und Menschheit dein Gestein lebendig macht.	*a*

Was wüst am Tag, wird rätselvoll im Dunkel;
wie Seelenburgen stehn sie mystisch[1] da,
die Häuserreihn, mit ihrem Lichtgefunkel;
und Einheit ahnt, wer sonst nur Vielheit sah.

Der letzte Glanz erlischt in blinden Scheiben;
in seine Schachteln liegt ein Spiel geräumt;
gebändigt ruht ein ungestümes Treiben,
und heilig wird, was so voll Schicksal träumt.

1 mystisch: geheimnisvoll

2 a **Kreuze für jede der folgenden Aussagen an, ob sie auf das Gedicht zutrifft oder nicht zutrifft.**
b **Begründe deine Wahl im Heft.**

	trifft zu	trifft nicht zu
A Es werden mehrere Handlungen dargestellt.	☐	☐
B Es wird eine besondere Situation beschrieben.	☐	☐
C Es werden Gefühle, Eindrücke, Gedanken, eine Stimmung dargestellt.	☐	☐

3 **Fasse knapp zusammen, worum es in dem Gedicht geht. Beachte auch seinen Titel.**

____

____

4 **Untersuche genauer, wer der Sprecher im Gedicht „Berlin“ ist und woran man erkennt, wer der „Adressat“ ist. Halte in dem folgenden Schaubild auch fest, welche Beziehung der Sprecher zu diesem „Adressaten“ hat.**

Sprecher im Gedicht: →	Art der Beziehung/Anrede:	Adressat im Gedicht:
______________	______________	______________
______________	______________	Textbelege:
Textbelege:	______________	______________
______________		______________

5 **Untersuche und notiere in der nachstehenden Tabelle unten …**
- **den Inhalt jeder Strophe kurz mit eigenen Worten.**
- **die Reimform (nutze die Randspalte auf S. 34 für deine Analyse).**
- **das Metrum. Lies zuvor das Gedicht laut und setze dabei Betonungszeichen über die betonten Silben, z. B. *„Ich líebe dích bei Nébel …“***

Reimformen:
- Paarreim: aa bb
- Kreuzreim: abab
- umarmender Reim: a bb a

Metrum:
- Jambus: xX́ xX́
- Trochäus: X́x X́x
- Daktylus: X́xx X́xx
- Anapäst: xxX́ xxX́

	1. Strophe	2. Strophe	3. Strophe
Inhalt			
Reimform			
Metrum			

6 **Begründe im Heft anhand deiner Ergebnisse zu den Aufgaben 4 und 5, ob du der folgenden Aussage zustimmst:**
Die erste Strophe wirkt besonders gefühlvoll und das gesamte Gedicht ruhig und harmonisch.

7 **a** **Nacht und Tag bilden im Gedicht einen Kontrast: Sammle Textaussagen, die diese Behauptung belegen.**

Merkmale der Stadt bei Nacht	Merkmale der Stadt am Tag

b **Wie beeinflusst die Nacht im Unterschied zum Tag die Art, in der der lyrische Sprecher die Stadt wahrnimmt? Erläutere knapp.**

8 **Untersuche die sprachlichen Bilder des Gedichts:**

a **Markiere im Gedicht den Vergleich.**

b **Beschreibe die Wirkung des Vergleichs, indem du den folgenden Text vervollständigst.**

Die Häuserreihen werden verglichen mit ________________________________.

Das Besondere des Vergleichsworts ist, dass es sich um einen ________________ *(Wortneuschöpfung) handelt. Mit diesem Vergleich könnte gemeint sein, dass* ________________________________

> **Sprachliche Bilder:**
> - **Vergleich:** zwei Vorstellungen mit einem „wie" verknüpft, z. B.: *Sie ist schön wie eine Rose.*
> - **Metapher:** ein Wort in übertragener, bildlicher Bedeutung, ohne Vergleichswort, z. B.: *Sie ist eine Rose.*
> - **Personifikation:** Vermenschlichung von leblosen Gegenständen, Begriffen, Natur, z. B.: *Die Rose tanzt im Wind.*

c **Welche der folgenden Aussagen erklärt die Bedeutung der Metapher von den „Schachteln", in die „ein Spiel geräumt" wird (V. 10) am treffendsten?**

	treffend	nicht treffend
A Das eingeräumte Spiel steht beispielhaft dafür, dass am Abend in den Wohnungen der Stadt alles aufgeräumt worden ist.	☐	☐
B Die Metapher bedeutet, dass auch die Kinder in der Stadt jetzt nicht mehr spielen, sondern schlafen.	☐	☐
C Die dunkel und still gewordenen Häuser erinnern das lyrische Ich an Spielschachteln. Dass die Spiele eingeräumt sind, bedeutet, dass die Menschen nun (wie Spielfiguren) in den Häusern ruhen.	☐	☐

d **Die Personifikation spielt in diesem Gedicht eine besonders wichtige Rolle. Belege diese Aussage auch durch Angabe der entsprechenden Verse. Schreibe in dein Heft.**

9 ●●● **Verfasse im Heft eine kurze Stellungnahme, ob dir das Gedicht gefallen hat. Begründe deine Meinung mit Hilfe von Textbelegen und Versangaben. Greife auf deine Untersuchungsergebnisse der Seiten 34 bis 36 zurück.**

Was kannst du schon? – Grammatik

1 **a** **Markiere in den folgenden Sätzen jeweils unterschiedlich 3 Verben, 3 Adverbien und 4 Pronomen. (10 Punkte)**

Neulich vergaß Tim sein Handy im Bus. Es war neu und er bedauerte diesen Verlust deshalb sehr.

b **Trage die Pronomen aus den Sätzen oben richtig in die folgende Übersicht ein. (4 Punkte)**

Personalpronomen	Possessivpronomen	Demonstrativpronomen

2 **Untersuche in den folgenden Sätzen A bis D die unterstrichenen Verben:**

a **Gib jeweils an, um welches Tempus es sich handelt. (je 1 Punkt = 6)**

b **Kreuze an, in welchem Satz ein Verb im Konjunktiv steht. (2 Punkte)**

c **Forme die wörtliche Rede in Satz D ins Passiv um und schreibe ihn auf. (1 Punkt)**

A ☐ Tim [1] hofft nun, dass er sein Handy bald [2] zurückbekommen wird.

[1] = ______ [2] = ______

B ☐ Nachdem er in der Schule [3] angekommen war, [4] begrüßte ihn Julia als Erste.

[3] = ______ [4] = ______

C ☐ Ob Tim sie zu einem Eis [5] einlade, fragte sie ihn fröhlich.

[5] = ______

D ☐ Sie fügte hinzu: „Ich [6] habe dein Handy im Bus gefunden!"

[6] = ______

Passiv = ______

3 **Stelle das Akkusativobjekt des folgenden Satzes an den Anfang und schreibe den umgestellten Satz auf. (1 Punkt)**

Ein goldener Ring machte jahrelang eine besonders merkwürdige Reise.

______

4 **Bestimmen in den folgenden drei Sätzen alle Satzglieder, indem du über jedem Satzglied die richtige der folgenden Ziffern einträgst:**
1 **Prädikat** – 2 **Subjekt** – 3 **Akkusativobjekt** – 4 **Dativobjekt** – 5 **adverbiale Bestimmung (17 Punkte)**

A Eine 72-jährige Frau | vermisste | seit drei Jahren | ihren Ring.

B Aus Versehen | hatte | sie | ihn | vermutlich | zusammen mit Küchenabfällen | im Kompost | entsorgt.

C Dieser Kompost | wurde | im Jahr darauf | im heimischen Garten | verwendet.

5 **a** **Unterteile die folgenden drei Sätze in Satzglieder und unterstreiche, wo vorhanden, das Attribut darin. (je 1 Punkt = 6)** ☐
b **Umkreise zu jedem Attribut das zugehörige Bezugswort. (je 1 Punkt = 5)**
c **Es gibt eine Apposition. Markiere sie. (1 Punkt)**

Nach drei Jahren fand ihr überraschter Ehemann das verlorene Schmuckstück in einer Kartoffel wieder.

Die Freude über den Ring, eine Goldschmiedearbeit, war riesengroß.

Keiner hatte jetzt noch mit dem Fund des Ringes gerechnet.

6 **Kreuze für jeden Satz an, ob es sich um eine Satzreihe oder um ein Satzgefüge handelt. (5 Punkte)** ☐

	Satzreihe	Satzgefüge
A In manchen Ländern gehen ganze Straßenzüge auf Reisen, sie verschwinden über Nacht.	☐	☐
B In einer nächtlichen Aktion hat in Russland ein 40-jähriger Mann eine Straße gestohlen, ohne dass es zunächst bemerkt wurde.	☐	☐
C Der Dieb hatte mit einem Kranwagen 82 Betonplatten einer Landstraße abgebaut, er wollte sie Rohstoffhändlern verkaufen.	☐	☐
D Erst beim Verladen der Einzelteile auf Laster wurden Anwohner auf den Mann aufmerksam, sie alarmierten die Polizei.	☐	☐
E Nachdem der Anruf eingegangen war, konnte die Polizei den Straßendieb bei einer Verkehrskontrolle wenig später festnehmen.	☐	☐

7 **a** **Unterstreiche in jedem der folgenden Satzgefüge den Nebensatz und markiere das Wort, das diesen einleitet. (je 1 Punkt = 4)**
b **Setze die fehlenden Kommas an die richtigen Stellen. (je 1 Punkt = 4)**
c **Kreuze jeweils an, um welche Art von Nebensatz es sich handelt. (je 1 Punkt = 4)**

A Dass auf deutschen Autobahnen so manche wertvolle Ladung verloren geht kann man immer wieder im Radio hören.

☐ Relativsatz ☐ Subjektsatz ☐ Objektsatz

B Obwohl es klare Vorschriften für Umwelt und Straßenverkehr gibt landen immer wieder Gummiboote, Kühlschränke oder auch Damenschuhe auf dem Asphalt.

☐ Modalsatz ☐ Konzessivsatz ☐ Konditionalsatz

C Als kürzlich in der niederbayerischen Stadt Vilshofen ein Jugendturnier ausgetragen wurde lag sogar ein Fußballtor auf der Autobahn.

☐ Kausalsatz ☐ Temporalsatz ☐ Adversativsatz

D Wenn in einem solchen Fall die nachfolgenden Autofahrer nicht aufpassen kann dies schlimme Folgen haben.

☐ Subjektsatz ☐ Adversativsatz ☐ Konditionalsatz

8 **a** **Prüfe deine Lösungen mit Hilfe des Lösungsheftes. Für jede richtige Antwort bekommst du einen Punkt.**
b **Trage ein, wie du die Aufgaben bewältigt hast: ✔ = das meiste richtig ? = noch etwas unsicher**

Aufgabe	1 ☐	2 ☐	3 ☐	4 ☐	5 ☐	6 ☐	7 ☐
Weitere Übungen	Seite 39	Seite 39	Seite 49–50	Seite 49–50	Seite 49–50	Seite 52	Seite 53–56

Wiederholung: Mit Verben Zeitformen bilden

Wissen und können **Die Tempora (Zeitformen) der Verben**

Das **Tempus (die Zeitform) eines Verbs** drückt aus, **wann** etwas passiert.

- Das **Präsens** wird verwendet, wenn etwas in der **Gegenwart** geschieht (z. B.: *Es regnet [gerade].*), wenn eine **Aussage immer gilt** (z. B.: *In der Sahara regnet es selten.*) oder um **Zukünftiges** auszudrücken. Im letzteren Fall wird meist eine **zusätzliche Zeitangabe** ergänzt (z. B.: ***Morgen** regnet es hoffentlich nicht.*).
- Das **Futur** (Personalform von „werden" + Infinitiv des Verbs) drückt ein **zukünftiges Geschehen** aus, z. B.: *Die Schneeschmelze im Frühling wird Hochwasser verursachen.*
- Das **Perfekt** verwendet man vorwiegend **mündlich,** um von etwas **Vergangenem** zu berichten. Es ist eine zusammengesetzte Zeitform (Personalform von „haben" oder „sein" im Präsens + Partizip II des Verbs), z. B.: *Ein Reporter berichtet vom Donauufer: „Der Pegel hat heute einen neuen Höchststand erreicht."*
- Das **Präteritum** ist die **einfache Zeitform der Vergangenheit,** z. B.: *Im Sommer 2018 regnete es kaum.*
- Das **Plusquamperfekt** ist eine **zusammengesetzte Zeitform der Vergangenheit** (Personalform von „haben" oder „sein" im Präteritum + Partizip II des Verbs), in der man wiedergibt, **was vor der Vergangenheit geschehen** ist, über die im Perfekt oder Präteritum berichtet wird (Vorzeitigkeit), z. B.: *Nachdem es fortwährend geregnet hatte, überschwemmte die Donau mehrere niederbayerische Städte.*

1 **a** **Unterstreiche im folgenden Text die Zeitformen der Verben.**
b **Bestimme in deinem Heft für jeden Satz das Tempus wie folgt:** *A bestand = Präteritum, …*

Bauernregeln und Wettervorhersagen

A Bis über das Mittelalter hinaus bestand die Wetterkunde aus Beschreibungen und Bauernregeln.

B Diese meist gereimten Sprüche erwuchsen aus langjährigen Wetterbeobachtungen.

C Sie geben regionale Erfahrungen wieder.

D Im 20. Jahrhundert hatte man die Bauernregeln zunächst für Aberglauben gehalten.

E Bei ihrer statistischen Überprüfung erwiesen sie sich jedoch als recht zuverlässig.

F „Wir haben jetzt bei der Prüfung auf das Entstehungsgebiet der Bauernregeln geachtet", erklärt ein wissenschaftlicher Mitarbeiter des Deutschen Wetterdienstes.

G „Was der Volksmund am Alpenrand überliefert, wird für die Bayern auch zukünftig hilfreich sein, aber natürlich nicht für die Küstenbewohner."

2 **Berichte mit Hilfe der folgenden Informationen über einige Meilensteine der Wetterforschung.**
●●● **Schreibe einen zusammenhängenden Text mit Überschrift ins Heft und beginne so:** *Nachdem Galileo Galilei …*

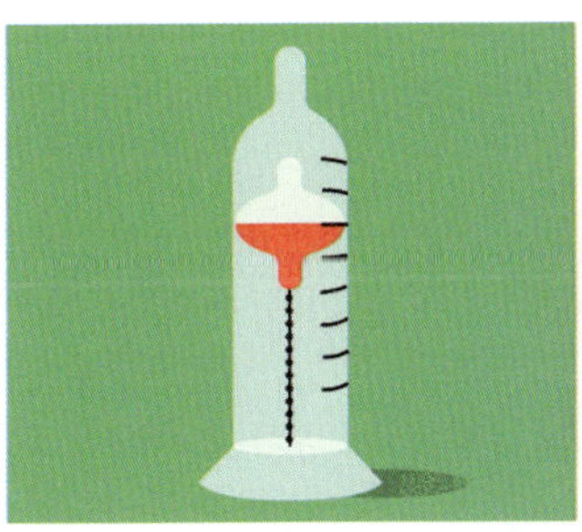

1592 Galileo Galilei erfindet das Thermometer.

1634 Sein Schüler Evangelista Torricelli entwickelt das erste Barometer.

1901 Zwei Meteorologen steigen mit ihrem Wetterballon in fast elf Kilometer Höhe auf.

1960 Mit dem Satelliten TIROS startet die erste Fernsehkamera in die Erdumlaufbahn.

Der Konjunktiv I in der indirekten Rede

Wissen und können **Den Konjunktiv I bilden**

Um **Äußerungen Dritter** wiederzugeben, verwendet man die **indirekte Rede.**
Das **Verb** steht im **Konjunktiv I**, z. B.:

- **Indikativ:** *Die Wetterstation meldet: „Es schneit seit Tagen."*
- **Indirekte Rede mit Konjunktiv I:** *Die Wetterstation meldet, es schneie seit Tagen.*

Der **Konjunktiv I** wird vom Indikativ Präsens durch den **Stamm des Verbs** (Infinitiv ohne *-en*) und die entsprechende **Personalendung gebildet,** z. B.:

Singular		**Plural**	
Indikativ Präsens	**Konjunktiv I**	**Indikativ Präsens**	**Konjunktiv I**
ich komm-e	*ich komm-e*	*wir komm-en*	*wir komm-en*
du komm-st	*du komm-est*	*ihr komm-t*	*ihr komm-et*
er/sie/es komm-t	*er/sie/es komm-e*	*sie komm-en*	*sie komm-en*

1 **Wähle für jeden der Sätze A bis F das passende Verb aus dem nachstehenden Wortspeicher und setze es im Konjunktiv I ein.**

behindern • erhalten • verlassen • sein • räumen • schließen

Wenn das Wetter alles auf den Kopf stellt

Nach tagelangem Schneegestöber ist die Kleinstadt eingeschneit:

A Die Brüder Paul und Julius berichten jubelnd, die Schule ______ eine ganze Woche.

B Die ältere Nachbarin sorgt sich, wie sie bei diesem Wetter frische Lebensmittel ______.

C Der Mann vom Winterdienst stöhnt, er ______ jetzt Tag und Nacht Schnee fort.

Die Pegelstände an Donau und Inn sind auf einem neuen Höchststand:

D Ein Bewohner kündigt an, er ______ das Haus nicht, bis das Wasser im ersten Stock stehe.

E Die Polizei wirft der Menge der Schaulustigen vor, sie ______ die Rettungsarbeiten.

F Die Bürgermeisterin beruhigt die Bevölkerung, die Lage in der Stadt ______ unter Kontrolle.

2 ●●● **a Unterstreiche im folgenden Text die Verbformen im Indikativ.**
b Kreise die Verbformen im Konjunktiv I ein.

Die Initiative „für mich. für uns. für alle" vergibt jährlich Auszeichnungen für herausragendes ehrenamtliches Engagement. Diesjährig informiert sie, dass sie einen Sonderpreis „Hochwasser-Helfer" auslobe. Der Preis würdige die zahlreichen Helferinnen und Helfer in den Hochwassergebieten. Aus den 140 Vorschlägen wählt eine Jury schließlich drei Preisträger. Einen Preis erhält auch die Initiative „Passau räumt auf". Diese Hilfsaktion mittels sozialer Netzwerke zeige, dass eine Handvoll Studenten eine Welle der Hilfsbereitschaft auslösen könne.

Wissen und können **Aussagen in indirekter Rede wiedergeben**

- **Wer** in der wörtlichen Rede **etwas gesagt hat,** wird **in der indirekten Rede** mit einem **einleitenden Hauptsatz** angegeben, z. B.:
  Der Klimaforscher fordert: „Die Menschheit muss den Ausstoß von klimaschädlichem Kohlenstoffdioxid reduzieren." →
  Der Klimaforscher fordert, die Menschheit müsse den Ausstoß von klimaschädlichem Kohlenstoffdioxid reduzieren.
  Tipp: Beim Wechsel von der wörtlichen zur indirekten Rede sind die **Pronomen** zu **beachten** und gegebenenfalls auszutauschen, z. B.:
  Der Klimaforscher stellt klar: „Ich empfehle möglichst schnell zu handeln." →
  Der Klimaforscher stellt klar, er empfehle möglichst schnell zu handeln.
- Durch die Verwendung der indirekten Rede kann auch deutlich gemacht werden, dass man den Inhalt einer Aussage nicht unbedingt teilt. Man kann sich so von einer Aussage **distanzieren.**

3 **Übertrage die folgenden Aussagen eines Klimaforschers in die indirekte Rede.**
Finde dazu passende Verben für den Redeeinleitungssatz und achte auf den Wechsel der Pronomen.

behaupten • erklären • warnen • informieren • empfehlen • raten • vermuten • feststellen • versichern

„Der Mensch hat bereits seine Spuren im Erdsystem hinterlassen."

„Der Eisschild in der Antarktis ist bereits abgeschmolzen, was wiederum eine weitere Erwärmung der Erde bedeutet."

„Wenn ein bestimmter Kipp-Punkt in diesem Prozess überschritten wird, ist diese Entwicklung unumkehrbar."

4 **a** **In einem Schülerzeitungartikel soll über das Thema „Klimawandel" informiert werden. Markiere in dem folgenden Entwurf die Aussagen, die in indirekter Rede wiedergegeben sollten, um Distanz zu schaffen.**
b **Forme sie in deinem Heft mit passenden Redeeinleitungen in die indirekte Rede um.**

Die Diskussion um den Klimawandel ist in vollem Gange. Im Jahr 2007 hat ein britischer Film eine Verantwortung des Menschen für die Erderwärmung als Hirngespinst der Forscher zurückgewiesen. Es gibt keine Anzeichen dafür, dass Kohlendioxid jemals in der Erdgeschichte für wärmere Temperaturen gesorgt hat. Vielmehr ist es umgekehrt gewesen. Eine natürliche Erwärmung hat zu einem höheren Ausstoß von Kohlendioxid geführt. Die Filmemacher stellen sich damit gegen den Trend des Umweltschutzes.

Wissen und können | **Ersatzformen für den Konjunktiv I**

Wenn der **Konjunktiv I** in der indirekten Rede nicht vom Indikativ Präsens zu unterscheiden ist, wird der **Konjunktiv II** oder (wenn der Konjunktiv II ungebräuchlich oder nicht vom Indikativ Präteritum zu unterscheiden ist) die ***würde*-Ersatzform** verwendet, z. B.:

Konjunktiv I = Indikativ Präsens	*Er sagt, viele sehen in ihrem ganzen Leben kein Polarlicht.*
Konjunktiv II als Ersatzform	*Er sagt, viele sähen in ihrem ganzen Leben kein Polarlicht.*
Umschreibung mit „würde" als Ersatzform	*Er sagt, viele würden in ihrem ganzen Leben kein Polarlicht sehen.*

5 **a** **Trage in die folgende Übersicht die fehlenden Verbformen ein.**
b **Kreuze jede Konjunktivform an, die im Satz durch „würde" ersetzt werden müsste.**

	Indikativ Präsens	Konjunktiv I	Indikativ Präteritum	Konjunktiv II
A	*er fragt*	☐		☐
B		☐	*sie beobachteten*	☐
C		☐		☐ *sie schiene*
D		☐	*sie fielen*	☐
E		☒ *sie leuchten*		☐

6 ●●● **Wähle für jeden der folgenden Sätze die richtige Verbform: Streiche jeweils die falsche Form durch.**

A Ein Hotelbesitzer in Nordschweden erklärt, jeder Urlauber, der ein Polarlicht sehe, < **frage** / **würde** > sich < **,** / **fragen,** > wie diese Farben entstehen könnten.

B Urlauber bestätigen, die Farben am Himmel < **würden** / **leuchteten** > ganz unwirklich und wunderbar < **leuchten.** / **.** >

C Ein Tourist simst begeistert, man < **beobachte** / **würde** > seit Stunden ein grün leuchtendes Polarlicht < **.** / **beobachten.** >

D Ein Reisebegleiter erklärt, Sonnenwinde < **fallen** / **würden** > bei diesem Phänomen mit ihren geladenen Teilchen auf die Erdatmosphäre < **.** / **fallen.** >

E Dabei entstehe das Phänomen aber nur dort, wo die Sonne sehr schräg auf die Erdoberfläche < **scheinen würde.** / **scheine.** >

Texte überarbeiten

Den Konjunktiv in der indirekten Rede prüfen

1 **Im folgenden Text wurde die indirekte Rede im Indikativ wiedergegeben. Markiere die Verbformen im Indikativ und notiere am Rand die passende Verbform im Konjunktiv oder die Ersatzform mit „würde“.**

VORSICHT FEHLER!

Projektwoche: Lichtspiele am Nachthimmel des August

Sebastian und Lara erzählen, sie treffen sich immer im August zur Sternschnuppennacht. Bei klarem Himmel bewundern sie in einer solchen Nacht über hundert Sternschnuppen. Der Himmel sieht dann zeitweilig aus wie bei einem Feuerwerk, behaupten die beiden. Sie schwärmen, sie wissen dann gar nicht mehr, was sie sich noch wünschen sollen. Auch wenn die beiden Teenager etwas übertreiben, bestätigen auch Astronomen, dass man im August auffällig häufig Sternschnuppen beobachten kann. Mitte August – sagen sie – erreicht die Anzahl der Leuchterscheinungen an unserem Sternenhimmel ihren Höhepunkt.

2 **Der folgende Text weist mehrere Fehler auf und ist wenig abwechslungsreich, weil ausschließlich die *würde*-Ersatzform verwendet wurde. Verbessere ihn: Streiche die falschen *würde*-Ersatzformen und schreibe die passende Konjunktivform über die Zeile.**

VORSICHT FEHLER!

Projektwoche: Astronomen informieren

Beim Projekttag erklären einige Astronomen, die Erde würde sich immer im August durch einen Meteorschauer hindurchbewegen. Dieser würde aus Staub und Gestein bestehen. Ein Komet würde diese Reste hinterlassen haben. In dem Moment, in dem diese Kometenreste in die Erdatmosphäre eindringen würden, würden sie die Atmosphäre zum Glühen bringen. Da die Erde auf ihrer Umlaufbahn um die Sonne immer den gleichen Kometenspuren zur selben Zeit im Jahr begegnen würde, würde in bestimmten Monaten eine Häufung von Sternschnuppen auftreten. Sebastian und Lara würden also nicht besonders viel Glück gehabt haben, so die Astronomen, sondern sie würden nur im richtigen Monat am Lagerfeuer gesessen haben.

Modalverben erkennen und verwenden

Wissen und können | **Mit Modalverben Aussagen verändern**

- Mit **Modalverben verändert man den Aussagewert des Vollverbs.** Man zeigt an, ob man z. B. etwas *darf* oder *muss.*
- Das **Modalverb** steht in der **Personalform,** das Vollverb im Infinitiv, z. B.: *Ilka **kann** sehr gut surfen.*
- Durch ein Modalverb wird der Bedeutung des Vollverbs ein bestimmter Aspekt hinzugefügt:

können	**sollen**	**müssen**	**dürfen**	**wollen**	**mögen**
Möglichkeit	Vorschrift	Gebot	Erlaubnis	Absicht	Wunsch
Fähigkeit	Empfehlung	Zwang	Möglichkeit	Bereitschaft	Möglichkeit

1 **a** **Umkreise im folgenden Text jedes Modalverb und unterstreiche jeweils das dazugehörige Vollverb.**
b **Formuliere in deinem Heft die Regeln mit Hilfe anderer Modalverben so um, dass sie freundlicher wirken, z. B.:**
Neue Gäste mögen sich bei Ankunft ...
Tipp: Nicht alle Sätze müssen umformuliert werden.

Auf dem Campingplatz

Neue Gäste müssen sich bei Ankunft an der Rezeption melden. Die Fahrzeuge und Campinganhänger sollen zunächst auf dem Parkplatz bleiben. Nach der Anmeldung darf man sich einen Stellplatz frei wählen. Wer Strom nutzen möchte, soll sich an der Rezeption einen Stromkastenschlüssel sowie Verlängerungskabel ausleihen. Die Duschen dürfen kostenlos benutzt werden. Camper, die in der Nacht abreisen wollen, müssen bis 18 Uhr an der Rezeption bezahlen.

2 ●●● **Auf einem Campingplatz findet man den folgenden, etwas umständlich ausgedrückten Aushang. Verwende passende Modalverben und schreibe den Aushang sprachlich flüssiger auf.**

Bei Gewitter zu beachten:

A Sie haben keine Erlaubnis, im Meer oder im Pool zu baden.
B Es besteht die Vorschrift, sich von hohen Bäumen fernzuhalten.
C Für Kinder gilt das Gebot, die Spielgeräte auf dem Campinggelände sofort zu verlassen.
D Wer den Wunsch hat, sich über die aktuelle Wetterlage zu informieren, hat die Möglichkeit, folgende Hotline zu wählen: 12 37 89 10.
E Es besteht der Zwang, alle elektrischen Geräte auszuschalten.
F Bei extremem Unwetter haben Sie die Möglichkeit, in den Räumen der Campingplatzverwaltung Schutz zu suchen.

A Sie dürfen nicht

Aktiv und Passiv unterscheiden und anwenden

Wissen und können **Die Genera Verbi (Sg. Genus Verbi) – Aktiv und Passiv**

Das **Aktiv** und das **Passiv** sind **zwei Verbformen,** mit denen man **Handlungen und Vorgänge unterschiedlich darstellen** kann.

- Das **Aktiv betont den Handlungsträger** (denjenigen, der eine Handlung ausführt), z. B.:
  Eine wütende Feuersbrunst *zerstörte ganze Landstriche.*
- Das **Passiv betont,** mit wem oder was etwas geschieht. Es betont **den Vorgang,** z. B.:
  Ganze Landstriche ***wurden zerstört.***
  – Im Passivsatz kann der Handelnde ergänzt werden, z. B.:
  Ganze Landstriche wurden von einer wütenden Feuersbrunst zerstört.
  – Bei der **Umwandlung** eines Aktivsatzes **in** einen **Passivsatz** wird **das Akkusativobjekt des Aktivsatzes** zum **Subjekt des Passivsatzes,** z. B.:
  Die Flammen vernichteten eine gesamte Ortschaft. → *Eine gesamte Ortschaft wurde vernichtet.*
  Akkusativobjekt (Wen oder Was?) Subjekt (Wer oder Was?)
- Im Passivsatz kann man den **Handlungsträger weglassen,** wenn er z. B.
  – aus dem Zusammenhang erschlossen werden kann,
  – unbekannt ist oder aus bestimmten Gründen verschwiegen werden soll.

1 **a Markiere in den Aktivsätzen A und B das Akkusativobjekt.**
b Formuliere die Aktivsätze in Passivsätze um. Achte dabei auf das richtige Tempus.

A Die lang anhaltende Dürre hat in Unterfranken einen Waldbrand ausgelöst.

B Die Polizei forderte zur Unterstützung der Feuerwehren einen Hubschrauber an.

2 **a Unterstreiche in den folgenden Aktivsätzen den Handlungsträger.**
b Begründe knapp, ob dieser bei einer Umwandlung ins Passiv sinnvollerweise genannt werden sollte oder ob man ihn auch weglassen kann.
c Schreibe die Passivsätze in dein Heft.

Gegen 16 Uhr hatte eine namentlich unbekannte Zeugin einen Notruf abgesetzt.

Begründung:

Ein Spezialhubschrauber mit Löschbehälter warf große Mengen Wasser über dem Gebiet ab.

Begründung:

Mehrere Männer und Frauen versorgten die Feuerwehrleute mit Getränken.

Begründung:

Vermutlich hat die 7-jährige Sabine Sommer den Waldbrand versehentlich ausgelöst.

Begründung:

Wissen und können **Abwechslungsreicher schreiben – Ersatzformen für das Passiv**

- Um Texte wie Beschreibungen, Anleitungen oder Berichte **abwechslungsreicher** zu gestalten, kann man das **Passiv** oder **Passiv-Ersatzformen** verwenden. So wird der **Schwerpunkt der Aussage auf den Vorgang bzw. die Handlung** gelegt.
- **Ersatzformen für das Passiv** sind z. B.:
  – ***man*-Form:** ***Man*** *meldete einen Großbrand im Nationalpark Berchtesgaden.*
  – ***sein* + Infinitiv mit *zu*:** *Der Lärm der Löschhubschrauber war weithin* ***zu hören.***
  – ***sich lassen* + Infinitiv:** *Eine starke Rauchentwicklung* ***ließ sich*** *beobachten.*

3 **Der folgende Bericht sollte sprachlich überarbeitet werden, da er wenig abwechslungsreich gestaltet ist.**
a Markiere unnötige Wiederholungen.
b Notiere in der Randspalte rechts, wo du das Passiv oder Passiv-Ersatzformen sinnvoll verwenden könntest.
c Verdeutliche wie im ersten Beispiel mit Pfeilen, wo Aussagen durch sprachliche Mittel (wie Konjunktionen, Adverbien, Pronomen) gedanklich enger miteinander verknüpft werden sollten.

Auf einem Waldstück an der Kesselwand am Königssee war	
am Mittwochmorgen ein Brand ausgebrochen. Jemand meldete	*Passiv (wurde …)*
den Brand gegen 6:40 Uhr.	
Experten spekulieren derzeit über die Brandursache. Sie vermuten,	*man-Form*
dass ein Blitzschlag die Brandursache sein könnte. Die Fläche	
ist sehr steil. Die Löscharbeiten gestalteten sich äußerst schwierig.	*Konjunktion „weil"*
Der Einsatz hielt Hunderte von Einsatzkräften in Atem.	
Die Helfer legten eine Schlauchleitung zum Brandort. Viele	
Helfer und ein Polizeihubschrauber unterstützten die Feuerwehr-	
kräfte unermüdlich. Schwierige Wetterbedingungen behinderten	
die Löscharbeiten. Gegen 19 Uhr hatten die Feuerwehrkräfte	
den Brand endgültig gelöscht.	
Die Feuerwehr kann derzeit den genauen materiellen Schaden	
nicht beziffern. Ein Polizeihubschrauber hat heute Nachmittag	
das Gebiet nochmals überflogen. Er hat keine weiteren Glut-	
nester mehr entdeckt.	

4 **Verfasse in deinem Heft eine vollständig überarbeitete Fassung des Berichts.**

Teste dich!

Das Verb – Konjunktiv, Modalverben, Aktiv und Passiv

1 **Unterstreiche im folgenden Text die Verbformen im Indikativ und umkreise die Verbformen im Konjunktiv I. (13 Punkte)**

Der Grünspecht – Zorro der Lüfte

„Fliegender Zorro" lautet der Spitzname eines heimischen Vogels: Der Grünspecht mit rötlicher Kappe und schwarzem Bereich um die Augen war der Vogel des Jahres 2014. Die Jury gab an, mit der Prämierung wolle man auf das Verschwinden der Streuobstwiesen hinweisen, wo sich der Grünspecht besonders gern aufhalte. Die Tierschützer hoben hervor, der Vogel des Jahres sei nicht wie viele seiner Vorgänger vom Aussterben bedroht. Der Grünspecht zähle zu den wenigen heimischen Brutvögeln, deren Bestand deutlich zugenommen habe. „Im Jahr 2014 gab es in Deutschland etwa 42 000 Brutpaare und damit mehr als doppelt so viele wie vor 20 Jahren. Die drei kalten Winter der Jahre zuvor haben jedoch gezeigt, dass es auch für den Grünspecht schnell wieder abwärtsgehen kann", erklärte ein Sprecher vom Naturschutzbund (NABU) die Juryentscheidung.

2 **Kreuze für jede der folgenden Verbformen an, ob es sich um den Konjunktiv I oder um den Konjunktiv II handelt. (5 Punkte)**

	Konjunktiv I	Konjunktiv II
A sie arbeite	☐	☐
B ich wolle	☐	☐
C er sänge	☐	☐
D sie lögen	☐	☐
E er komme	☐	☐

3 **a** **Kreuze für jede der folgenden Aussagen an, ob sie richtig oder falsch ist. (3 Punkte)**

	richtig	falsch
A Der Konjunktiv I wird in der indirekten Rede verwendet.	☐	☐
B Der Indikativ wird auch Irrealis genannt, weil das Gesagte als möglich gilt.	☐	☐
C Der Konjunktiv II wird in der indirekten Rede verwendet, wenn der Konjunktiv I nicht vom Indikativ Präsens zu unterscheiden ist.	☐	☐

b **Zu jedem der folgenden Sätze passt eine der richtigen Aussagen von Aufgabe 3 a. Trage den entsprechenden Buchstaben ein. (Ein Buchstabe ist zweimal zu vergeben.) (3 Punkte)**

☐ Biologen betonen, der Flug der Zugvögel sei auch nach neuesten Forschungen kaum eindeutig zu erklären.

☐ Kinder glauben manchmal, sie sähen die Zugvögel infolge des Winterschlafs nicht.

☐ Ein Forscher erklärt, manche Menschen wüssten kaum, wohin die Zugvögel vor dem kalten Winter fliehen.

4 Forme die folgenden Sätze A bis D ins Passiv um. Achte dabei auf das richtige Tempus. (4 Punkte)

A Mit einer Strecke von bis zu 50 000 Kilometern legt die Küstenseeschwalbe von allen Zugvögeln die größte Entfernung zurück.

B Forscher haben dieses Ergebnis mit Hilfe leistungsstarker Peilsender festgestellt.

C Bei der Auswertung der Daten griff das Forschungsteam auf Computertechnik zurück.

D Durch dieses zusätzliche Wissen können Biologen den Zugvogel besser begleiten und schützen.

5 Verwende die angegebene Ersatzform für das Passiv. (3 Punkte)

A Zugvögeln sollte allgemein mehr Achtung entgegengebracht werden. *(man-Form)*

B Eine Erholung der Bestände kann leider noch nicht festgestellt werden. *(sich lassen + Infinitiv)*

C Auf eine Besserung der Situation muss weiterhin gehofft werden. *(sein + Infinitiv mit zu)*

6 Prüfe, welches Modalverb welche Formulierung ersetzen kann. Verbinde. (4 Punkte)

Es ist verboten, …	müssen
Man ist verpflichtet, …	nicht dürfen
Es steht Ihnen frei, …	sollen
Es ist wünschenswert, …	dürfen

7 Vergleiche deine Ergebnisse mit dem Lösungsheft (▶ S. 19). Für jede richtige Antwort bekommst du einen Punkt.

☺ 35–26 Punkte	😐 25–17 Punkte	☹ 16–0 Punkte
Gut gemacht!	Gar nicht schlecht! Wo hattest du Schwierigkeiten? Wiederhole die passenden Übungen auf den Seiten 37–46.	Du solltest noch einmal üben! Arbeite die Seiten 37–46 erneut durch.

Wiederholung: Satzglieder unterscheiden

Wissen und können **Satzglieder und ihre Erweiterung kennen**

- Jeder Satz hat mehrere Satzglieder. Du erkennst diese mit Hilfe der Umstellprobe (▶ S. 50).
  Ein Satz besteht mindestens aus **Subjekt** und **Prädikat**, z. B.:
  Reisen | *bildet*.
  In vielen Sätzen wird ein **Objekt** hinzugefügt, z. B.:
  Reisen | *bildet* | *jeden Menschen*.
- **Adverbiale Bestimmungen** sind Satzglieder, die im Satz zusätzliche Informationen geben, z. B.:
  Reisen | *bildet* | *auf ganz unterschiedliche Weise* | *jeden Menschen*.
- **Attribute** bestimmen ein Bezugswort (meist ein Nomen) näher und sind immer Teil eines Satzglieds, z. B.:
  ***Weites** Reisen* | *bildet* | *auf ganz unterschiedliche Weise* | *jeden **wissbegierigen** Menschen*.

1 Trage die angebotenen Fachbegriffe richtig in die folgende Übersicht ein.

lokal | Objekt(e) | modal | Subjekt | kausal | adverbiale Bestimmungen | Prädikat | temporal

Satz

Satzglieder

A ______ B ______ C ______ D ______ ______

E ______		F ______	G ______		H ______
Ort *Wo?* *Wie weit?*	**Richtung** *Woher?* *Wohin?*	**Grund/Ursache** *Warum?* *In welchem Fall?* *Mit welcher Folge?* *Wozu?* *Trotz wessen?*	**Zeitpunkt** *Bis wann?* *Seit wann?* *Wann?*	**Dauer** *Wie oft?* *Wie lange?*	**Art und Weise** *Wie?* *Wie viel?* *Wie sehr?* *Womit?* *Wodurch?*

Attribut: Erweiterung eines Satzglieds, z. B. des Subjekts, des Objekts, der adverbialen Bestimmung

2 ●●● Gestalte die folgenden Sätze mit jeweils zwei weiteren Satzgliedern aus und schreibe sie auf.

Familie Lustig reist. Die Reiseroute liegt fest. Sie segeln.

______

______

______

Wissen und können **Satzglieder mit Hilfe der Umstellprobe erkennen**

Mit der **Umstellprobe** stellst du fest, wie viele Satzglieder ein Satz hat. Die **Wörter oder Wendungen, die** dabei **zusammenbleiben,** bilden ein **Satzglied.**

- Satzglieder lassen sich umstellen, ohne dass sich der Sinn des Satzes verändert, z. B.:
  Urlaubsreisen in alle Welt haben heute einen zentralen Platz in der Jahresplanung der Bevölkerung.
  Heute haben Urlaubsreisen in alle Welt einen zentralen Platz in der Jahresplanung der Bevölkerung.
- **Attribute** werden **mit dem jeweiligen Satzglied** zusammen **umgestellt,** z. B.:
  Urlaubsreisen ***in alle Welt*** (präpositionales Attribut), *einen* ***zentralen*** *Platz* (Adjektivattribut), *in der Jahresplanung* ***der Bevölkerung*** (Genitivattribut).

3 **Stelle die beiden folgenden Sätze so um, dass sie den angegebenen Satzbauplänen entsprechen.**

A In Frankreich vermeiden junge Reisende Hotels oftmals aus Kostengründen.

____

Satzbauplan: *temporale adverbiale Bestimmung – Prädikat – Subjekt – lokale adverbiale Bestimmung – Akkusativobjekt – kausale adverbiale Bestimmung*

B Viel lieber übernachten sie in gemütlichen Privatunterkünften.

____

Satzbauplan: *Subjekt – Prädikat – modale adverbiale Bestimmung – lokale adverbiale Bestimmung*

4 **Gestalte den folgenden Text flüssiger, indem du die jeweils angegebenen Attributarten verwendest.**

A Wer häufig reist, gerät bisweilen in Situationen, die unglaublich sind. → Wer häufig reist, gerät bisweilen in ______________ Situationen *(Adjektivattribut)*. B Einmal begab sich ein Professor, er war Franzose, in ein türkisches Dampfbad. → Einmal begab sich ein Professor ______________ *(Präpositionalattribut)* in ein türkisches Dampfbad. C Er zog sich im Umkleideraum aus und begab sich in den Innenbereich. Der Umkleideraum lag neben einem Viehstall. → Er zog sich im Umkleideraum aus, ______________ *(Relativsatz)*. D Aber weil ein Bediensteter, der in dieser Einrichtung arbeitete, nicht aufpasste, fraß ein Esel die Kleidungsstücke. Sie gehörten dem Professor. Der Esel erspähte die Kleidungsstücke durch ein Fenster. → Aber weil ein Bediensteter ______________ *(Genitivattribut)* nicht aufpasste, fraß ein Esel die Kleidungsstücke ______________ *(Genitivattribut)*, ______________ ______________ *(Relativsatz)*.

Teste dich!

Satzglieder und Attribute

1 **Welche der folgenden Begriffe bezeichnen keine eigenständigen Satzglieder? Umkreise diese. (5 Punkte)**

A Nominativ B Akkusativobjekt C Subjekt D Präposition E Genitivobjekt

F temporale adverbiale Bestimmung G Konjunktion H Relativpronomen I Apposition J Prädikat

2 **Wie viele Satzglieder hat der folgende Satz? Kreuze die richtige Anzahl an. (1 Punkt)**

☐ A 5 ☐ B 6 ☐ C 7 ☐ D 8

Auf Island machten Vulkanausbrüche den Flugverkehr in der Vergangenheit mehrfach zu einer Lotterie.

3 **a Stelle im Satz von Aufgabe 2 das Subjekt an den Satzanfang und schreibe den Satz auf. (1 Punkt)**

b Nenne die Probe, die du nutzen konntest, um Aufgabe 2a zu lösen. (1 Punkt)

4 **Welche der Aufzählungen bestimmt die Satzglieder des folgenden Satzes richtig, welche nicht? Kreuze an. (2 Punkte)**

Weltweit verblieben hunderttausende Passagiere wegen einer als gefährlich erachteten Aschekonzentration in der Luft an den Flughäfen.

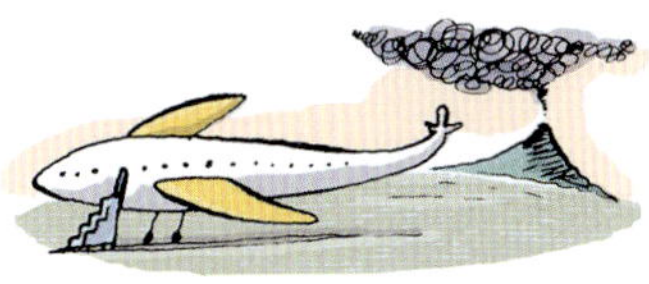

	richtig	falsch
A lokale adverbiale Bestimmung, Prädikat, Subjekt, Akkusativobjekt, temporale adverbiale Bestimmung	☐	☐
B lokale adverbiale Bestimmung, Prädikat, Subjekt, kausale adverbiale Bestimmung, lokale adverbiale Bestimmung	☐	☐

5 **a Unterstreiche im folgenden Text Adjektivattribute gelb, Präpositionalattribute grün und Genitivattribute blau. (4 Punkte)**
b Umkreise zu jedem Attribut das Bezugswort, das näher bestimmt wird. (4 Punkte)

A Oft entdecken Bahnreisende viele Gelegenheiten für Reiseerleichterungen.

B Allerdings blieben nicht nur Bahnreisende aus dem Norden im Sommer 2013 in Mainz einfach stecken.

C Die digitalen Hinweistafeln des Hauptbahnhofs zeigten dort ausschließlich einen Hinweis: Zug fällt aus.

6 **Vergleiche deine Ergebnisse mit dem Lösungsheft (► S. 19 f.). Für jede richtige Antwort bekommst du einen Punkt.**

☺ 18–14 Punkte	😐 13–9 Punkte	☹ 8–0 Punkte
Gut gemacht!	Gar nicht schlecht! Wo hattest du Schwierigkeiten? Wiederhole die passenden Übungen auf den Seiten 49–50.	Du solltest noch einmal üben! Arbeite die Seiten 49–50 erneut durch.

Wiederholung: Satzreihe und Satzgefüge

Wissen und können **Satzreihe** (Hauptsatz + Hauptsatz) **und Satzgefüge** (Hauptsatz und Nebensatz)

- Eine **Satzreihe** besteht aus **zwei oder mehr Hauptsätzen**. Die einzelnen Hauptsätze werden durch ein **Komma** voneinander getrennt. Häufig werden die Hauptsätze durch **nebenordnende Konjunktionen** (z. B. ***und, oder, aber, doch, sondern, denn***) miteinander verbunden, z. B.:
  Reisende würden kleinere Haustiere oft gern mitnehmen, ***aber*** *Flugreisen sind für diese zu anstrengend.*
  Nur vor den **Konjunktionen *und*** bzw. ***oder* darf das Komma entfallen.**
- Ein **Satzgefüge** besteht aus mindestens einem **Hauptsatz** (Hs) und einem **Nebensatz** (Ns). Ein Nebensatz kann vorangestellt, eingeschoben oder nachgestellt werden. Er wird meist durch eine **unterordnende Konjunktion** (z. B. ***weil, dass, nachdem, obwohl***) oder ein **Relativpronomen** (z. B. ***der, welcher***) eingeleitet. Zwischen Haupt- und Nebensatz **muss immer ein Komma** stehen, z. B.:
  Manche Menschen verzichten auf weite Reisen, weil sie sich nicht vom Haustier trennen möchten.
  Die **Personalform des Verbs** (das gebeugte Verb) steht im Nebensatz immer **an letzter Satzgliedstelle.**

1 **Verbinde jeweils zwei Hauptsätze zu einer Satzreihe. Benutze die angegebenen nebenordnenden Konjunktionen und setze die Kommas.**

A Ein junger Chinese möchte eine Urlaubsreise antreten. Auf die Begleitung seiner geliebten Schildkröte will er nicht verzichten. [aber]

B Er befürchtet Probleme am Flughafen. Tiere benötigen für die Ausreise oft besondere Genehmigungen. [denn]

C Da kommt er auf eine ausgefallene Idee. Er setzt sie auch in die Tat um. [und]

2 **Formuliere die Satzreihen von Aufgabe 1 in Satzgefüge um. Verwende die angegebenen unterordnenden Konjunktionen bzw. das Relativpronomen.**

A [wohingegen]

B [weil]

C [die]

3 **a Unterstreiche in jedem der folgenden Satzgefüge den Nebensatz und markiere die unterordnende Konjunktion.**

Der Mann steckte das Tier, nachdem er es zwischen Brotstücke gelegt hatte, in die Verpackung einer Fastfood-Kette. Als das Handgepäck des Reisenden durchleuchtet wurde, wunderte sich das Sicherheitspersonal am Flughafen von Guangzhou sehr. „Verdächtige Ecken“ hätten aus dem angeblichen Fleischklops herausgeschaut, sodass die Tarnung als Burger aufflog.

b Ergänze, wo sich die Personalform des Verbs im Nebensatz befindet.

Die Personalform des Verbs befindet sich im Nebensatz immer ________.

Relativsätze: Attribute in Form von Nebensätzen

Wissen und können **Mit einem Relativsatz (auch: Attributsatz) Bezugswörter näher erklären**

Relativsätze sind Nebensätze, die ein **vorausgehendes Bezugswort** (Nomen oder Pronomen) näher erklären.

- Relativsätze nehmen im Satz die **Rolle eines Attributs** ein, stellen jedoch **kein eigenes Satzglied** dar. Sie werden auch **Attributsätze** genannt.
- Relativsätze werden mit einem **Relativpronomen** eingeleitet, z. B. *der, die, das, welcher, welche, welches:* *Das schwarz-weiß gestreifte Tier frisst Gras.* → *Das Tier,* ***welches*** *schwarz-weiße Streifen hat, frisst Gras.*
- Vor dem Relativpronomen steht manchmal eine **Präposition,** z. B.: *Das Tier,* ***auf dessen*** *dunklem Fell weiße Streifen zu sehen sind, frisst Gras.*
- Ein Relativsatz wird **immer** durch ein **Komma** vom Hauptsatz getrennt. Eingeschobene Relativsätze werden durch zwei Kommas abgetrennt, z. B.: *Das Tier****,*** *das auf der Weide steht****,*** *sieht aus wie ein Zebra.*

1 **Bilde aus je zwei Sätzen ein Satzgefüge mit Relativsatz und beachte dabei die Kommasetzung.**
Tipp: Der Relativsatz steht im Satzgefüge dicht hinter dem Bezugswort.

A Herr Fron ist ein Reitsportfan. Seinen letzten Sommerurlaub verbrachte er auf einem Reiterhof.

B Der Besitzer des Hofes führte ein Reittier am Zügel. Es trug einen Streifen-Look und sah aus wie ein Zebra.

C Tierfreund Fron lachte lauthals auf. Er glaubte zunächst an einen Scherz.

2 **a Unterstreiche in jedem der folgenden Sätze die Attribute wie in Beispiel A.**
b Forme diese, wenn es angebracht ist, in einen Relativsatz um.
Schreibe die umgeformten Sätze in dein Heft und achte auf die Kommasetzung.

A Der keine Miene verziehende Besitzer blieb wortkarg.

B Dann erhielt Herr Fron für sein eigenes Pferd eine jeweils mit Zebrastreifen versehene Kopfmaske und eine Fliegendecke.

C Die perfekte Verwandlung zum Pseudo-Zebra hinterließ nur Kopfschütteln beim Urlauber.

D Erst am Abend las er in der in seinem Zimmer ausliegenden Pferdesportzeitung einen Artikel: „Bremsenfrei dank Zebrastreifen?"

3 ●●● **Erkläre die Schreibweise der farbig hervorgehobenen Wörter. Schreibe ins Heft.**

A Ein Pferd, das häufig von Bremsen attackiert wird, fühlt sich unwohl. B Wissenschaftler haben herausgefunden, dass Zebras weitgehend von stechenden Quälgeistern verschont werden. C Das Streifenmuster, das anscheinend Insekten bereits beim Anflug verwirrt, soll nun auch Pferden helfen. D Das Farbrezept, das ganz einfach und preiswert ist, lautet: Mischen Sie Mehl, Wasser und Essig oder verwenden Sie weiße Fingerfarbe!

Mit Adverbialsätzen adverbiale Bestimmungen ersetzen

Wissen und können — **Mit Adverbialsätzen Zusammenhänge herstellen**

- **Adverbialsätze** sind Nebensätze, die die **Satzgliedstelle einer adverbialen Bestimmung** (▸ S. 49) **einnehmen.** Daher werden sie auch **Gliedsätze** genannt.
- Adverbialsätze werden mit einer unterordnenden Konjunktion eingeleitet, z. B. *weil, als, nachdem, damit, obwohl, indem, wenn, falls, dass* etc., und durch **Komma** vom Haupsatz abgetrennt, z. B.:
  Nach Auffinden eines Wertgegenstandes soll man diesen in einem Fundbüro abgeben.
  → temporale adverbiale Bestimmung (wann?)
  ↓
  Nachdem ein Wertgegenstand aufgefunden worden ist, soll man diesen in einem Fundbüro abgeben.
  → temporaler Adverbialsatz

1 **a Unterstreiche in den folgenden Sätzen die adverbialen Bestimmungen.**
b Wandle jeden Satz in ein Satzgefüge mit einem Adverbialsatz um. Wähle dafür eine der angebotenen unterordnenden Konjunktionen aus und setze die Kommas.

obwohl	~~falls~~	damit

A Bei Auffinden oder Verlust eines Gegenstandes kann man auch über das Internet ein Fundbüro kontaktieren.

Falls man ______________________________

____

B Als zusätzlicher Anreiz für die Abgabe von Fundstücken wird manchmal ein Finderlohn in Aussicht gestellt.

____

____

C Viele Reisende lassen trotz nachdrücklicher Erinnerungen durch das Zugpersonal etwas im Zug liegen.

____

____

2 ●●● **a Unterstreiche in den folgenden Sätzen die adverbialen Bestimmungen.**
b Wandle jeden Satz in ein Satzgefüge mit einem Adverbialsatz um.

A Herr K. aus W. konnte wegen des Vergessens seines Gebisses im Hotel einige Zeit keine feste Nahrung zu sich nehmen.

B Erst nach Zuschicken seines Kauwerkzeugs durch das aufmerksame Hotelmanagement konnte Herr K. wieder herzhaft zubeißen.

____

____

____

____

Wissen und können **Mit Adverbialsätzen Zusammenhänge herstellen**

Mit der **Frageprobe** kannst du ermitteln, welche Art von Adverbialsatz vorliegt:

Adverbialsatz	Frageprobe	Konjunktionen	Beispiel
Kausalsatz (Grund, Ursache)	Warum ...? Aus welchem Grund ...?	*da, weil*	*Ich besuche einen Fotokurs, weil ich schöne Fotos aufnehmen will.*
Konditionalsatz (Bedingung)	Unter welcher Bedingung ...?	*wenn, falls, sofern*	*Wir werden die gesamte Reise dokumentieren, sofern der Akku hält.*
Finalsatz (Ziel, Absicht)	Wozu ...? Mit welcher Absicht ...?	*damit, dass*	*Mache viele Fotos, damit wir eine schöne Erinnerung haben.*
Konsekutivsatz (Folge, Wirkung)	Mit welcher Folge ...?	*sodass (auch: so ..., dass)*	*Die Ampel war lange rot, sodass ich aus dem Auto heraus Fotos machen konnte.*
Konzessivsatz (Einräumung)	Trotz welcher Umstände ...?	*obwohl, obgleich, obschon, auch wenn*	*Obwohl ich die Bedienungsanleitung studiert hatte, wurden manche Fotos unscharf.*
Temporalsatz (Zeitpunkt/-dauer)	Wann ...? Seit/bis wann ...? Wie lange ...?	*nachdem, als, während, bis, bevor, solange, sobald ...*	*Nachdem die Reise beendet war, erstellte ich ein Fotobuch.*
Modalsatz (Art und Weise)	Wie ...?	*indem, dadurch ..., dass, wie, als (ob) ...*	*Indem ich Passanten meine Kamera in die Hand drückte, kam ich ins Bild.*
Adversativsatz (Gegenüberstellung)	Was passiert im Gegensatz zu ...?	*wohingegen, während*	*Ich benutze eine Kamera, während mein Freund mit seinem Handy Fotos macht.*

3 **a** **Unterstreiche in den folgenden Sätzen die Adverbialsätze.**
b **Notiere in der Randspalte die richtige Frageprobe und umkreise die Konjunktion im Adverbialsatz.**

Die kuriose Reise eines Fotoapparates

Als der aus Hennef stammende Lars Etzinger das deutsche Generalkonsulat in Shanghai aufsuchte, lernte er die ebenfalls in Shanghai lebende Philippinerin Jennifer kennen. Gemeinsam reisten sie nach Deutschland, damit Jennifer seine Heimat und seine Eltern kennen lernen konnte. Auf einer Rundreise machten sie am Tegernsee Halt und bestiegen den Wallberg, sodass sie einen herrlichen Blick über Bayerns schönste Berge hatten. Dort oben machten sie einen überraschenden Fund: einen Fotoapparat. Da sich die Sonne in der Linse der Kamera spiegelte, sprang ihnen das Fundstück ins Auge. Sie nahmen die Kamera mit nach Hennef, obwohl sie diese besser in einem bayerischen Fundbüro hätten abgeben sollen.

wann?

4 **Trage passende unterordnende Konjunktionen in die Lücken ein.**

Lars und Jennifer erzählten die ganze Geschichte, __________ sie bei Lars' Eltern eingetroffen waren. __________ es ein großer Zufall gewesen wäre, einen Hinweis auf den Besitzer zu finden, durchforsteten sie die 500 Fotos auf dem Speicherchip. Sie schauten jedes Detail an, __________ sie einen Anhaltspunkt dafür fanden, wem diese Kamera gehörte. __________ auf einem Foto ein Auto mit einem Nummernschild zu sehen war, stellte sich Überraschendes heraus: Der Besitzer musste aus der Nachbarschaft der Eltern stammen. __________ die Kamera doch zurück zu ihm gelangte, brachten die Eltern Etzinger sie zur Polizei. __________ kaum jemand daran glaubte, ermittelten diese den Glücklichen: einen Mann aus Königswinter.

5 **a Unterstreiche in den folgenden Satzgefügen A bis E den Adverbialsatz.**
b Prüfe mit der Frageprobe, ob für den Adverbialsatz die richtige Konjunktion gewählt wurde. Bestimme danach die Art des Adverbialsatzes und notiere gegebenenfalls die verbesserte Konjunktion.
Tipp: Beachte die Fragen und Konjunktionen in der Übersicht im „Wissen und können" auf Seite 55.

VORSICHT **FEHLER!**

Die kuriose Geschichte des Fotoapparates ging ihnen immer noch im Kopf herum, weil die Eltern Etzinger an einem Sonntag zu einem Musikfestival in Bonn gingen.

Wann ...? Temporalsatz: als, während

A Weil das Musikfestival völlig überfüllt war, fiel ihnen ein bestimmter Mann auf.

____

B Sie erkannten ihn wieder, weil der Mann einen prachtvollen Lockenkopf hatte.

____

C Sie wollten ihre Vermutungen überprüfen, weil sie ihn ansprachen.

____

D Jenem Mann war im Winterurlaub auf dem Wallberg die Kamera entglitten, weil sie im Tiefschnee unauffindbar verschwand.

____

E Weil Lars Etzinger und seine Freundin zwei Monate später den Wallberg bestiegen, war der Schnee lange wegegeschmolzen.

____

6 ●●● **Kläre, um welche Art von Adverbialsatz es sich handelt, und kreuze die richtige Antwort an**

A Während die Etzingers dem Mann ihre Kontaktdaten gaben, machte er keine persönlichen Angaben.

☐ Temporalsatz ☐ Adversativsatz

B Wenn der Besitzer der Kamera sich wider Erwarten bei ihnen melden sollte, würden sie sich sicher freuen.

☐ Konditionalsatz ☐ Temporalsatz

Mit Proformen Textzusammenhänge verdeutlichen

Wissen und können | **Mit Proformen Zusammenhänge herstellen**

- Mit Hilfe von **Proformen als sprachliche Mittel des Verweisens** werden **Texte flüssiger, abwechslungsreicher** und **verständlicher.** Proformen stellen zwischen einzelnen Wörtern, Sätzen oder Textabschnitten Zusammenhänge her, ohne dass diese wiederholt werden müssen.
- Besonders häufig verwendete Ausdrücke des Verweisens sind:
  – **Pronomen,** insbesondere Personalpronomen, z. B.: *ich, er, sie, es, ...*; Relativpronomen, z. B.: *der, die, das, welcher, welche, welches ...*; Demonstrativpronomen, z. B.: *dieser, diese, dieses, jener, jene, jenes, ...*
  – **Adverbien,** z. B.: *außerdem, deshalb, da, dort, damals, dabei, darin, darauf, damit, hierdurch, wodurch, worin.*

1 **a** **Verdeutliche im folgenden ersten Textabschnitt (Z. 1–5) mit Hilfe von Pfeilen die Textzusammenhänge.**
Tipp: Beachte die markierten Wörter.
b **Setze im zweiten Abschnitt (Z. 6–12) die fehlenden Proformen aus dem Wortspeicher darüber ein.**

Spendenaufrufe gibt es viele. **Sie** flattern als Briefe in unsere Briefkästen, **sie** versuchen als Werbespots im Radio unsere Aufmerksamkeit zu erreichen oder **sie** schallen im Gottesdienst durch den Kirchenraum. **Deshalb** muss man sich einiges einfallen lassen, um **damit** aufzufallen. **Zudem** ist **es** sehr aufwendig, Sponsoren an Land zu ziehen. Denn große Firmen haben oft kein Interesse **daran**, kleinere Projekte zu unterstützen.

das • solch • daher • sie • deren • dies

__________ verstärkt sich der Trend, Projekte über zahlreiche fremde Geldgeber zu finanzieren, __________ Interesse häufig über eine Berichterstattung im Internet oder in sozialen Netzwerken geweckt wird. __________ nennt man auch „Crowdfunding“. Genau __________ versuchen Menschen mit sogenannten Charity-Reisen: __________ fahren im Rollstuhl nach Rom, brausen mit dem Motorrad von London nach New York oder radeln mit Wasser bepackt quer durch Deutschland. Durch __________ eine skurrile Reise auf sich aufmerksam zu machen und sich zugleich für eine gute Sache zu engagieren, wird immer beliebter.

2 ●●● **a** **Setze mit Hilfe der folgenden Notizen den Text aus Aufgabe 1 in deinem Heft flüssig, verständlich und logisch zusammenhängend fort.**
b **Markiere die verwendeten Proformen farbig.**

- *das Hauptziel: nicht immer Geld verdienen*
- *Zweck oft auch, auf Probleme aufmerksam zu machen, z. B. auf Missstände in der Pflege in Deutschland*
- *Beispiel: der Schwerbehinderte Joachim Friedrich (70); mit dem Rollstuhl über die Alpen nach Rom; Treffen mit dem Papst*

Textkohärenz herstellen

Wissen und können **Zusammenhängende Texte verfassen – Textkohärenz**

- Unter **Textkohärenz** versteht man den **inneren Zusammenhalt eines Textes.** Ein Text wird **verständlicher,** indem **logische Zusammenhänge** aufgezeigt werden.
- Um solche **Bedeutungszusammenhänge** herzustellen, eignen sich:
  - sichtbare **Verknüpfungsmittel** wie **Proformen** (► S. 57)
  - **Wiederholungen** von **Schlüsselbegriffen**
  - **Ersetzungen** von Nomen durch **Synonyme,** z. B.:
    Ein Auto nahm sie mit. Durch den Pkw kamen sie schnell vorwärts.
  - **Ober- und Unterbegriffe,** z. B.:
    Sie verwendeten verschiedene Fortbewegungsmittel. Mit dem Auto waren sie am schnellsten.

1 **In der Schülerzeitung deiner Schule wollen Mitschüler über eine ungewöhnliche Art zu reisen informieren. Dafür haben sie bereits kurze Texte verfasst.**

a **Ordne den Texten A bis C die nachstehenden Bemerkungen zu und begründe im Heft deine Entscheidung.**

b **Hebe Ausdrücke, welche die Texte besonders kohärent erscheinen lassen, farbig hervor. Markiere mit einer anderen Farbe Textstellen, die verbessert werden sollen.**

A Volunteering? Mir gefällt das. Man kann zum Beispiel soziale Arbeit leisten. Man kann auch Wildlife-Projekte unterstützen. Du kannst zum Beispiel in einem Waisenhaus arbeiten, Schildkröten retten oder Strände von Müll befreien. Du musst aber mindestens vier Wochen Zeit haben!

B *Freiwilligenarbeit,* das klingt erst einmal nicht so attraktiv. Wer will in den Ferien schon arbeiten, ohne dafür Geld zu verdienen? *Volunteering* würde mich im Gegensatz dazu schon eher ansprechen. Was steckt hinter diesen Begriffen? Beide bedeuten eigentlich dasselbe: Sie meinen einen Urlaub, in dem man etwas Gutes tut und tatkräftig ein Hilfsprojekt unterstützt. Dabei kann man in den seltensten Fällen ausschlafen oder sich erholen. Stattdessen lernt man Land und Leute ganz anders kennen, vertieft seine Fremdsprachenkenntnisse und fährt danach mit dem guten Gefühl wieder nach Hause, etwas Sinnvolles vollbracht zu haben.

C Volunteering geht im Normalfall ab 18 Jahren. Du musst 18 Jahre alt sein, um mitmachen zu können. Mein Bruder hat sich in Namibia um verletzte Zebras gekümmert. Er war auch für afrikanische Wildhunde und Wildkatzen zuständig. Das Ganze war ein Wildlife-Projekt!

Bemerkung zu Text ______:
Du hast einen informativen und flüssigen Text verfasst. Besonders gelungen sind die logischen Verknüpfungen, die deinen Text sehr kohärent wirken lassen.

Bemerkung zu Text ______:
Du hast einen logisch aufgebauten Text verfasst, in dem du seine Zusammenhänge gut durch Ober- und Unterbegriffe verdeutlichst. Versuche aber, abwechslungsreichere Satzanfänge zu formulieren und deine Sätze besser zu verknüpfen!

Bemerkung zu Text: ______:
Dein Text beinhaltet interessante Informationen, sollte aber überarbeitet werden. Achte auf die richtige Reihenfolge der Informationen, verwende passende Ober- und Unterbegriffe und gestalte den Satzbau abwechslungsreicher.

2 ●●● **Überarbeite sorgfältig den Text aus Aufgabe 1, den du für am wenigsten gelungen hältst, und schreibe ihn in dein Heft.**

Infinitivkonstruktionen

Wissen und können **Infinitivkonstruktionen**

- Obwohl **Infinitivkonstruktionen kein Verb in der Personalform** besitzen, können sie **im Satz die Funktion von Nebensätzen** (► S. 52) übernehmen.
- Eine Infinitivkonstruktion besteht aus einem **Infinitiv mit *zu*** und mindestens einem weiteren Wort, z. B.: *In den letzten Jahren war ein Ehepaar bestrebt, zahlreiche Städtereisen zu unternehmen.*
- Eine **Infinitvkonstruktion darf** man immer durch ein **Komma** vom Hauptsatz trennen. Es **muss** stehen,
  - wenn sie mit ***um, ohne, statt, anstatt, außer, als*** eingeleitet wird, z. B.: ***Statt** am Pool zu liegen, wollten sie Museen besuchen. Sie reisten teils weit, **um** Ausstellungen zu sehen.*
  - wenn sie von einem **Nomen** oder einem **hinweisenden Wort** wie ***dazu, daran, darauf*** oder ***es*** **im Hauptsatz abhängt,** z. B.: *Sie haben die **Absicht**, möglichst viel zu sehen. Sie lieben **es**, Neues kennen zu lernen.*

Tipp: Bei Infinitivkonstruktionen empfiehlt es sich, immer ein Komma zu setzen, weil es die Gliederung eines Satzes verdeutlicht und niemals falsch ist.

1 **a Markiere in jedem der folgenden Sätze die Infinitivkonstruktion.**
b Unterstreiche jeweils den Ausdruck, an dem man erkennt, dass ein Komma gesetzt werden muss.

A Um etwas Neues auszuprobieren, buchte ein Ehepaar Urlaub in einem Landhotel auf Mallorca.

B Es freute sich darauf, die Ruhe auf dem Land zu genießen.

C Anstatt aber geruhsam die Natur zu erleben, fühlte sich das Paar belästigt und schrieb ans Reisebüro.

2 **a Unterstreiche in dem folgenden Beschwerdebrief des Ehepaars die Infinitivkonstruktionen.**
b Setze darin die fehlenden Kommas.

VORSICHT FEHLER!

Sehr geehrte Damen und Herren,

das von Ihnen so gepriesene Landhotel war ein Reinfall um nicht zu sagen: eine Katastrophe. Um uns am Frühstück zu erfreuen mussten wir auf einer Terrasse im Freien sitzen. Gleich am ersten Morgen waren wir gezwungen schlimmstes Getöse zu ertragen. Zuerst gingen wir davon aus den Lärm nur dieses eine Mal zu hören. Er entpuppte sich jedoch als morgendliches Dauerübel: Sechs Esel weigerten sich still auf ihre Fütterung zu warten. Es kam noch ärger! Statt zur Freude der Ruhe suchenden Gäste ihren Schnabel zu halten schnatterten auch noch zahllose Gänse. Ob dieses tierischen Dauerkonzerts lief man ständig Gefahr sein eigenes Wort nicht mehr zu verstehen. Ein Schild am Zaun forderte die Gäste dazu auf die Tiere zu füttern und zu streicheln. Eine Unverschämtheit! Ich verlange von Ihnen uns für die entgangene Erholung zu entschädigen. Ich fordere umgehend eine positive Antwort zu erhalten.

Mit verärgerten Grüßen

3 ●●● **Der folgende Satz kann zwei Bedeutungen haben: Verdeutliche diese, indem du die fehlenden Kommas an den entsprechenden Stellen setzt und im Heft erläuterst.**

VORSICHT FEHLER!

A Die Hotelbesitzer behaupten manche Gäste seien nur schwer von neuen Konzepten zu überzeugen.

B Die Hotelbesitzer behaupten manche Gäste seien nur schwer von neuen Konzepten zu überzeugen.

Partizipialkonstruktionen

Wissen und können | **Partizipialkonstruktionen**

- Obwohl **Partizipialkonstruktionen kein Verb in der Personalform** besitzen, können sie **im Satz die Funktion von Nebensätzen** übernehmen.
- Eine Partizipialkonstruktion wird mit einem **Partizip I** (Partizip Präsens: *geh**end***) oder einem **Partizip II** (Partizip Perfekt: ***ge**gang**en***) gebildet. Die Partizipialkonstruktion bezieht sich meist auf das Subjekt im Hauptsatz, z. B.: *Auf eine Entschädigung **hoffend**, verfasste sie ihr Beschwerdeschreiben.*
- Partizipialkonstruktionen **darf** man immer durch **Komma** vom Hauptsatz trennen. Es **muss** stehen,
  - wenn durch ein hinweisendes Wort auf die Partizipialkonstruktion Bezug genommen wird, z. B.: *Auf eine Entschädigung **hoffend**, so verfasste sie ihr Beschwerdeschreiben.*
  - wenn die Partizipialkonstruktion eine nachgestellte Erläuterung zu einem Nomen oder Pronomen ist, z. B.: *Sie verfasste, auf eine Entschädigung **hoffend,** ihr Beschwerdeschreiben.*

1 **Vervollständige die folgende Tabelle mit den richtigen Verbformen.**

Infinitiv	Partizip I (Partizip Präsens)	Partizip II (Partizip Perfekt)
hoffen	*hoffend*	
	schmelzend	
		entfärbt
	verschwindend	
erschrecken		
	gelingend	

2 **a Unterstreiche in den folgenden Sätzen die Partizipialkonstruktionen und setze die notwendigen Kommas.**
b Formuliere die Partizipialkonstruktionen in die angegebenen Nebensätze um und setze die Kommas.

A Unentwegt quakend raubten die Frösche dem Urlauber die letzten Nerven.

→ Relativatz: *Die Frösche die* ____________________

→ Adverbialsatz: *Indem* ____________________

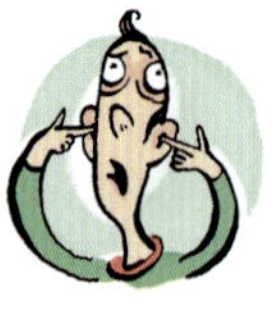

B Zahlreiche Gäste über das fettige Essen erbost wandten sich an den Hotelmanager.

→ Relativatz: ____________________

→ Adverbialsatz: ____________________

3 **Verkürze in deinem Heft die beiden Relativsätze, indem du Partizipialkonstruktionen verwendest.**

A Der historische Speisesaal, der sorgfältig renoviert worden war, erwies sich als Besuchermagnet.

B Das Menü, das der Koch liebevoll zubereitet hatte, überzeugte den Restaurantkritiker.

Teste dich!

Satzreihe, Satzgefüge und Proformen

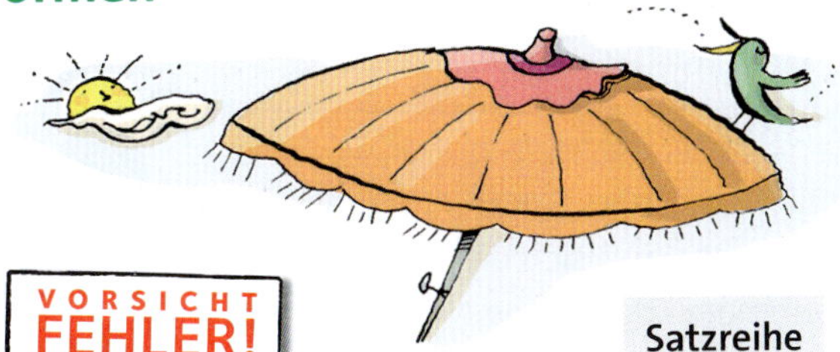

1 **a Kreuze für jeden Satz A bis D an, ob es sich um eine Satzreihe oder um ein Satzgefüge handelt. (4 Punkte)**
b Setze die fünf fehlenden Kommas. (5 Punkte)

VORSICHT FEHLER!

	Satzreihe	Satzgefüge
A Familie Heim hatte genug von stressigen Urlaubsreisen bei denen sie auf Autobahnen im Stau oder auf Flughäfen in langen Schlangen stand.	☐	☐
B Weil andere Urlaubsgäste immer wieder sehr laut waren stellten sich kaum Ruhe und Erholung ein.	☐	☐
C Doch nicht nur die Lautstärke machte den Familienmitgliedern zu schaffen auch das Schlafen in fremden Betten fanden sie wenig erholsam.	☐	☐
D Da sie wussten dass sie unbekannte Gerichte mit fremden Gewürzen nicht wirklich gern aßen schreckten sie auch davor zurück.	☐	☐

2 **Entscheide, ob die folgenden Aussagen richtig oder falsch sind. Kreuze an. (4 Punkte)**

- ☐ Proformen stellen Zusammenhänge zwischen Wörtern oder Textabschnitten her.
- ☐ Unter Textkohärenz versteht man den Aufbau eines Textes.
- ☐ Mit Ober- und Unterbegriffen lassen sich Bedeutungszusammenhänge konkretisieren.
- ☐ Konjunktionen gehören nicht zu den Proformen.

3 **a Ergänze jeweils eine Infinitiv- oder Partizipialkonstruktion. Verwende, wo nötig, einleitende Wörter. (3 Punkte)**
b Setze die notwendigen Kommas. (4 Punkte)

Familie Heim sitzt auf dem Balkon ______________________________ *(dort frühstücken)*. Der Familienhund ______________________________ *(aufmerksam mit dem Schwanz wedeln)* hofft darauf ______________________________ *(eine Wurst abbekommen)*.

4 **Satz A und B unterscheiden sich nur durch die Kommasetzung. Ordne jedem Satz die passende Erklärung zu, indem du einen Pfeil ziehst. (2 Punkte)**

A Die Familie Heim bedauert es, nicht zu Hause zu chillen.

B Die Familie Heim bedauert es nicht, zu Hause zu chillen.

Erklärung 1: Die Heims hätten ihren Urlaub lieber daheim verbracht.

Erklärung 2: Die Heims sind froh darüber, daheim geblieben zu sein.

5 **Bestimme, um welche Art von Adverbialsatz es sich handelt, indem du diese jeweils mit dem richtigen Fachbegriff rechts verbindest. (4 Punkte)**

A Familie Heim benötigt zwei Sonnenschirme, damit ihr die sommerliche Hitze nicht zu Kopf steigt.

B Während die Eltern Heim sich im Schatten der Schirme aufhalten, lässt sich die Tochter auch gern einmal in der Sonne bräunen.

C Bevor sie sich in den Liegestuhl legt, hat sie sich aber sorgfältig eingecremt.

D Einen Sichtschutz zum Nachbarn hat Herr Heim geschaffen, indem er riesige Sonnenblumen gezüchtet hat.

a modal

b temporal

c adversativ

d final

6 **Formuliere die Sätze in Satzgefüge mit Relativsätzen um. Setze auch die Kommas. (3 Punkte)**

A Am Abend werden die „Balkonier" hellwach. Sie haben eine Party geplant.

____

B Kerzen sind am Abend die stilvollste Beleuchtung für Balkonien. Ihr sanftes Licht wirkt romantisch.

____

C Eine besondere Ausstrahlung besitzen Lampions. Sie verwandeln Balkonien in einen Zaubergarten.

____

7 **Trage in den folgenden Sätzen die fehlenden Kommas ein. (4 Punkte)**

VORSICHT FEHLER!

Eine Übernachtung auf Balkonien hat ihren ganz besonderen Reiz denn Campingspaß und Abenteuerlust werden kombiniert. Wenn man etwas Wert auf Gemütlichkeit legt sollte man auf eine Isomatte oder normale Luftmatratze verzichten. Um sich ein bequemes Nachtlager einzurichten stellt man besser einen Liegestuhl mit Auflage oder ein Klappbett auf. Sofern man über eine Hängematte verfügt kann man auch diese aufbauen.

8 **Vergleiche deine Ergebnisse mit dem Lösungsheft (▶ S. 22 f.). Für jede richtige Antwort bekommst du einen Punkt.**

☺ 33–22 Punkte	😐 21–14 Punkte	☹ 13–0 Punkte
Gut gemacht!	Gar nicht schlecht! Wo hattest du Schwierigkeiten? Wiederhole die passenden Übungen auf den Seiten 52–60.	Du solltest noch einmal üben! Arbeite die Seiten 52–60 erneut durch.

Was kannst du schon? – Rechtschreibung

1 Unterstreiche im folgenden Text die zehn Nomen, die kleingeschrieben sind. (10 Punkte)

VORSICHT FEHLER!

Bionik ist seit den 1990er jahren eine anerkannte wissenschaft. Es ist ein Forschungsfeld, das eine verbindung zwischen Biologie und Technik herstellt. Der bionik haben wir zum beispiel die erfindung der Schwimmanzüge zu verdanken, deren Oberfläche an eine haihaut erinnert. Die Hautschuppen schnell schwimmender haie sind so angeordnet, dass die rillen einer Schuppe in die der nächsten übergehen. So verringern die zusammenhängenden Längslinien den unerwünschten reibungswiderstand.

2 Prüfe für die markierten Wörter, ob es sich um Nominalisierungen handelt, und umkreise den richtigen Anfangsbuchstaben. (6 Punkte)

Der Bionik geht es um das systematische E/erkennen von Lösungen, wie sie in der Natur vorkommen. Forscher wollen sich also etwas von der Natur A/abschauen, um die gewonnenen Erkenntnisse auf die Alltagswirklichkeit zu Ü/übertragen. Zum Beispiel ist die Schleiereule für ihr geräuschloses G/gleiten bekannt. Die Form der Flügel ist es, die E/erstaunliches bewirkt und zum Beispiel als Vorbild für das rasche K/kühlen durch einen Ventilator dient.

3 Trenne die Wörter und schreibe die Sätze in der richtigen Groß-und Kleinschreibung auf. (2 Punkte)

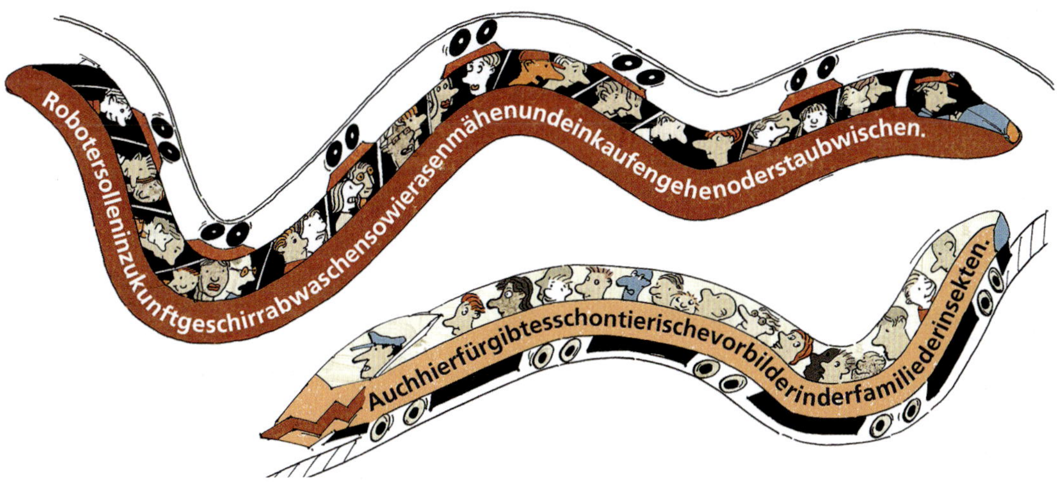

4 Zusammen oder getrennt?
Kreuze für jede Unterstreichung an, ob hier falsch oder richtig geschrieben wurde. (5 Punkte)

VORSICHT FEHLER!

	falsch	richtig
A Wenn wir in lockerem Schnee spazierengehen, sinken wir tief ein.	☐	☐
B Das Alpenschneehuhn bewegt sich auf Schnee, ohne ein zu sinken.	☐	☐
C Grund ist ein Federkranz, der sich um seinen Fuß herumzieht.	☐	☐
D Die nordische Sportindustrie konnte sich Ähnliches ausdenken.	☐	☐
E Es sind Schneeschuhe mit Holzreifen, die sogar bequemsein sollen.	☐	☐

5 **Trage im folgenden Text die fehlenden Konsonanten ein. (10 Punkte)**

Die Natur hat nicht nur geschi____te Läufer, so____dern auch flo____e Schwimmer hervorgebra____t. Einige Käferarten, wie zum Beispiel der Furchenschwi____er, sind perfe____t an das Leben unter Wa____er angepa____t. Der Mensch ka____ von ihrer Techni____ des Ruderschlags lernen.

6 **Trage die folgenden Wörter in die nachstehende Übersicht ein und ergänze dabei das *i* in der richtigen Schreibweise: *i, ie, ih* oder *ieh*. (10 Punkte)**

diskut?ren • s?t • ?deal • Masch?ne • ?nen • v?lfach • ?re • fl?t • Kl?ma • Garant?

i	ie	ih	ieh

7 a **Achte auf den *s*-Laut: Jeweils ein Wort in jedem Block ist falsch geschrieben. Streiche es durch. (6 Punkte)**

VORSICHT FEHLER!

A grüssen – Grußkarte – grüßt – gruselig
B fließen – Fluß – Fließgeschwindigkeit – Floß
C Größe – grossartig – Großbetrieb – größer
D wissbegierig – Weißheit – Wissensdrang – wusste
E mäßigen – maßvoll – massig – Massregelung
F schließen – Schlüssel – schliesslich – Schließfach

b **Schreibe die falsch geschriebenen Wörter verbessert auf. (6 Punkte)**

8 ***das* oder *dass*? Kreuze für jeden der folgenden Sätze an, ob die Schreibweise richtig oder falsch ist. (5 Punkte)**

VORSICHT FEHLER!

	falsch	richtig
A Wer hätte früher gedacht, dass uns die Natur mit ihren Lösungen etwas zeigt.	☐	☐
B Das man von der Natur lernen kann, erfährt heutzutage jedes Schulkind.	☐	☐
C Bionik ist ein wissenschaftliches Gebiet, das noch populärer werden muss.	☐	☐
D Es ist sehr erfreulich, das sich das Fernsehen der Bionik nun verstärkt annimmt.	☐	☐
E Dass sehen selbst einige skeptische Wissenschaftler ein.	☐	☐

9 a **Überprüfe deine Lösungen mit Hilfe des Lösungsheftes. Für jede richtige Antwort bekommst du einen Punkt.**
b **Trage ein, wie du die Aufgaben bewältigt hast:** ✔ **= das Meiste richtig** ? **= noch etwas unsicher**

Aufgabe	1 ☐	2 ☐	3 ☐	4 ☐	5 ☐	6 ☐	7 ☐	8 ☐
Weitere Übungen	Seite 65–67	Seite 65–67	Seite 65–67	Seite 69–73	Seite 76	Seite 77	Seite 78	Seite 79

Groß- und Kleinschreibung

Wiederholung: Großschreibung von Nominalisierungen

Wissen und können **Nominalisierung: Großschreibung von Verben und Adjektiven**

- **Verben oder Adjektive** schreibt man **groß, wenn** sie **im Satz als Nomen verwendet** werden. Diesen Vorgang nennt man **Nominalisierung.** Nominalisierte Wörter erkennst du an den **Nomenbegleitern,** meist:
  1. ein **Artikel**, z. B. *eine Entdeckung, das Nachahmen,*
  2. eine **Präposition**, die mit einem Artikel verschmolzen sein kann, z. B. *durchs (durch das) Untersuchen,*
  3. ein **Adjektiv**, z. B. *genaues Fragen, hartnäckiges Beobachten,*
  4. ein **Pronomen** (Possessiv-, Demonstrativ- oder Indefinitpronomen), z. B. *unser Ausprobieren, dieses Überraschende, viel Interessantes.*
- Nicht immer wird ein nominalisiertes Wort durch einen Nomenbegleiter angekündigt. Prüfe in Zweifelsfällen mit der **Erweiterungsprobe:** Wenn du vor einem Wort einen Nomenbegleiter einfügen kannst, ist das Wort ein Nomen oder eine Nominalisierung. Du kannst dies auch nur in Gedanken tun, z. B.:

Vielen Menschen bereitet (das ↓) Fliegen Freude.

Achtung: Adjektive im Superlativ mit *am* schreibt man **klein,** z. B.:
Am längsten ist der Gotthard-Basistunnel in der Schweiz. Am besten reist man mit wenig Gepäck.

1
a **Unterstreiche im folgenden Text die nominalisierten Adjektive und Verben.**
b **Lass dir den Text von einer Lernpartnerin/einem Lernpartner diktieren.**
Tipp: Wende die Erweiterungsprobe an, wenn du unsicher bist.
c **Überprüfe mit Hilfe der Lösungen, ob du alles richtig geschrieben hast.**

DER TRAUM VOM FLIEGEN

AUF DEN MEISTEN FLUGHÄFEN DIESER WELT KANN MAN IMMER AUFS NEUE TÄGLICH HUNDERTE VON FLUGZEUGEN BEIM STARTEN UND LANDEN BEOBACHTEN, VIELLEICHT ERREICHT DEREN ZAHL AUCH DIE TAUSEND. WAHRHAFT ERSTAUNLICH IST, DASS DAS FLIEGEN EIN ERGEBNIS MENSCHLICHEN FORSCHENS ÜBER MEHR ALS 2000 JAHRE HINWEG IST.

DIE SAGEN DER GRIECHEN ZEIGEN, DASS DER „TRAUM VOM FLIEGEN“ DIE FANTASIE DER MENSCHEN SCHON FRÜH BESCHÄFTIGTE. IKARUS UND DÄDALUS NUTZTEN VOGELFLÜGEL ALS VORBILD ZUM KONSTRUIEREN EINES FLUGAPPARATES. DAS BEFESTIGEN DER FEDERN MIT WACHS WAR ALLERDINGS RISKANT. ALS DIE BEIDEN DER SONNE ZU NAHE KAMEN, FÜHRTE DAS ZUM SCHMELZEN DER FLÜGEL UND DAS SCHLIMMSTE TRAT EIN: IKARUS STÜRZTE INS MEER.

ES WAR OTTO LILIENTHAL, DER DANN GEGEN ENDE DES 19. JAHRHUNDERTS ENTSCHEIDENDES ENTDECKTE, NÄMLICH DASS FÜR DEN AUFTRIEB DIE NACH OBEN GEWÖLBTE FORM DER FLÜGEL AM ALLERWICHTIGSTEN IST. OBERHALB DES FLÜGELS ENTSTEHT EIN UNTERDRUCK UND UNTERHALB EIN ÜBERDRUCK, DER AUFTRIEB WIRD SO AM STABILSTEN ERREICHT UND DIE ERDANZIEHUNG ÜBERWUNDEN. ETWAS WICHTIGES IST HIERBEI JEDOCH AUCH, DASS DER FLÜGEL GEGENÜBER DER STRÖMUNG LEICHT NACH OBEN ANGEHOBEN IST. DIESES SOGENANNTE ANSTELLEN DES FLÜGELS VERSTÄRKT DEN AUFTRIEB MIT AM NACHDRÜCKLICHSTEN.

Groß- und Kleinschreibung von Eigennamen und Herkunftsbezeichnungen

Wissen und können **Groß- und Kleinschreibung von Eigennamen und Herkunftsbezeichnungen**

- **Eigennamen** schreibt man **groß.** In **mehrteiligen Eigennamen** schreibt man alle Wörter groß, mit **Ausnahme** der **Artikel, Konjunktionen** und **Präpositionen,** z. B.: *das **K**ap der **G**uten **H**offnung, **I**nstitut für **B**iochemie.*
- Herkunftsbezeichnungen:
  - Die von **geografischen Namen** abgeleiteten **Wörter auf *-er*** schreibt man **immer groß,** z. B.: *der **B**amberger Dom, ein **S**chweizer Messer, die **C**oburger Altstadt, das **M**ünchner Hofbräuhaus.*
  - Die von **geografischen Namen** abgeleiteten **Adjektive auf *-isch*** werden **kleingeschrieben,** z. B.: *fränk**isch**e Städte, engl**isch**e Landschaftsbilder, chines**isch**e Vasen.*

  Achtung: Als **Bestandteil mehrteiliger Eigennamen** werden auch geografische Namen mit **Adjektiv großgeschrieben,** z. B.: *die **S**chwäbische **A**lp, das **F**ränkische **S**eenland.*

1 **Prüfe für jede der folgenden Bezeichnungen, ob es sich um einen Eigennamen handelt, und schreibe sie in der richtigen Groß- und Kleinschreibung auf.**
Tipp: Wenn du unsicher bist, schlage in einem Rechtschreib- oder Online-Wörterbuch nach.

A DIE NÜRNBERGER U-BAHN

B DER BAYERISCHE WALD

C DAS INSTITUT FÜR DEUTSCHE SPRACHE

D EINE ENGLISCHE TAGESZEITUNG

E DIE VEREINIGTEN STAATEN VON AMERIKA

F DER WESTFÄLISCHE FRIEDE

G DER BESTE FRANZÖSISCHE FUßBALLER

H DER INDISCHE OZEAN

2 **Prüfe die Groß- und Kleinschreibung für die im Text markierten Wortanfänge und umkreise den richtigen Anfangsbuchstaben.**

In Deutschland ist eine der meistbesuchten Attraktionen das M/münchner Oktoberfest. Aber auch die W/würzburger Residenz und das berühmte B/brandenburger Tor in Berlin gehören dazu. In den F/französischen Alpen findet man viele Liebhaber des Montblanc. Tausende lassen sich täglich auf der S/spanischen Treppe in Rom fotografieren, versuchen mit optischen Tricks den S/schiefen Turm V/von Pisa gerade zu stellen oder lassen sich von I/italienischer Mode begeistern. In A/afrikanischen Naturschutzgebieten können Besucher die fantastische Tierwelt beobachten oder in China die G/große Mauer entlangwandern, das einzige Bauwerk, das man sogar vom Weltall aus sehen kann. Auf dem A/amerikanischen Kontinent sind die G/großen Seen mit den Niagarafällen, das W/weiße Haus in Washington oder der K/kalifornische Yosemite-Nationalpark millionenfach besuchte Ziele.

3 ●●● **Notiere acht weitere mehrteilige Eigennamen in deinem Heft.**
Tipp: Schlage in einem Rechtschreib- oder Online-Wörterbuch nach.

Groß- und Kleinschreibung von Tageszeiten und Wochentagen

Wissen und können **Groß- und Kleinschreibung von Tageszeiten und Wochentagen**

Wochentage und Tageszeiten werden
- **großgeschrieben,** wenn sie Nomen sind. Du kannst sie an Nomenbegleitern (▸ S. 65) erkennen, z. B.: *der **D**onnerstag, eines **M**orgens, am **A**bend, jeden **S**onntag, nächsten **M**ittwoch.*
- **kleingeschrieben,** wenn sie **Adverbien** sind, z. B.: *nachts, gestern, früh, tagsüber, zeitweise, sonntags.*
- Bei **kombinierten Angaben** schreibt man die **Adverbien klein** und die **Nomen groß,** z. B.: *heute **M**orgen, gestern **A**bend, morgen **M**ittag.*
- **Zusammengesetzte Zeitangaben** aus Wochentag und Tageszeit schreibt man
  - als **Nomen groß,** z. B.: *der **M**ittwochnachmittag, am **M**ontagmorgen,*
  - als **Adverbien klein,** z. B.: *mittwochnachmittags, montagmorgens.*

1 **Die folgende Online-Nachricht des Chefs der Stadtwerke ist nur schwer zu verstehen. Formuliere mit Hilfe der folgenden Informationen eine zusammenhängende E-Mail in ganzen Sätzen an den Ausschuss „Fahrplan". Verwende die rechts angebotenen Zeitangaben in der richtigen Schreibweise und setze die unten begonnene E-Mail in deinem Heft fort.**

Fahrplan

TOP: Neue Straßenbahnlinie 5
BESPRECHUNG: DIE, 15:00 Uhr
BEGINN FAHRBETRIEB: 4:00 Uhr; ENDE FAHRBETRIEB: 0:30 Uhr
ZEITLICHER ABSTAND ZWISCHEN DEN ZÜGEN: alle 20 Minuten
AB BEGINN BERUFSVERKEHR BIS 11:00 Uhr: alle 10 Minuten
WOCHENENDREGELUNG: noch unklar
Aber mehr Züge für die Nacht von SA auf SO
RÜCKMELDUNG: MI, 13:00 Uhr

Zeitangaben

DIENSTAGNACHMITTAG
MORGENS; AMABEND
WERKTAGS

AMWOCHENENDE
SAMSTAGNACHTS
MORGENMITTAG

Sehr geehrte Mitglieder des Ausschusses „Fahrplan",
zur Ausgestaltung des Fahrplans für die neue Linie 5 laden wir Sie für Dienstagnachmittag um 15:00 Uhr ein.
Der Linienbetrieb soll ...

2 **Stell dir vor, es ist Mittwochabend: Schreibe einen kurzen Blogbeitrag über deine Klassenfahrt ins Deutsche Museum nach München. Verwende kombinierte Zeitangaben und schreibe ins Heft.**
Beginne so: *Gestern Vormittag kamen wir ...*

	Dienstag	Mittwoch	Donnerstag
11:00 Uhr	Anreise mit der Bahn	Blitze-Show; Hochspannung hautnah	Abreise mit der Bahn
15:00 Uhr	Führung Sonderausstellung „energie.wenden"	Virtual Reality Labor (VRlab): „Ausflug auf den Mond"	

3 ●●● **Die Schulleitung macht eine Umfrage: Beschreibe, wann und wie du zur Schule und zu deinen Nachmittagsaktivitäten gelangst. Die angebotenen Zeitangaben darfst du durch eigene ergänzen oder ersetzen. Schreibe in dein Heft.**

DIENSTAGS • JEDEN MORGEN • MITTAGS • AM SPÄTEN NACHMITTAG • AM NÄCHSTEN MORGEN
ABENDS • AM DONNERSTAG • AN WERKTAGEN • AMFREITAGABEND

Teste dich!

Groß- oder Kleinschreibung?

1 Erkläre im Heft für jede in diesem Text unterstrichene Wendung kurz die Schreibweise. (4 Punkte)

Stabil wie ein Blatt

Manchmal entstehen Innovationen durch genaues A <u>Hinschauen</u>. Anlässlich der B <u>Londoner</u> Weltausstellung im Jahr 1851 gelang dem C <u>englischen</u> Gartenbauarchitekten Sir Joseph Paxton die Konstruktion eines neuartigen Rippen-Glasdaches. Dass ihm dafür das Blatt einer Riesenseerose als Vorbild diente, überrascht vielleicht. Doch am D <u>verblüfftesten</u> ist man, wenn man sieht, dass es nur zwei Millimeter dick ist. Es beflügelte den Bau riesiger Gewächshäuser, z. B. in Berlin-Dahlem in einem Park namens E <u>Botanischer Garten</u>.

A Großschreibung, da Nominalisierung eines Verbs – B …

2 Setze die angegebenen Wörter in der richtigen Schreibweise in die Lücken ein. (8 Punkte)

Dass er etwas absolut __________ [ungewöhnlich] erlebte, verstand Joseph Paxton sofort, als ein Blatt der Königlichen Riesenseerose mühelos seine achtjährige Tochter trug. Er wollte beim __________ [betrachten] zunächst kaum seinen Augen __________ [trauen]. Die Pflanze trug sein Kind mühelos, sogar ohne sich zu __________ [verbiegen]. Durch anschließendes __________ [untersuchen] der Blattunterseite konnte er am __________ [leicht] das __________ [geniale] System aus Rippen __________ [erkennen], welches ihm als Architekt später Weltruhm einbrachte.

3 Schreibe folgende Zeitangaben in der richtigen Schreibweise auf. (10 Punkte)

GESTERNFRÜH • MORGENABEND • SONNTAGABEND • FREITAGS • SPÄTABENDS
SAMSTAGNACHMITTAGS • HEUTEMORGEN • ÜBERMORGEN • GESTERNMITTAG • AMMONTAG

____

____

____

4 Vergleiche deine Ergebnisse mit dem Lösungsheft (► S. 25). Für jede richtige Antwort bekommst du einen Punkt.

☺ 22–16 Punkte	😐 15–10 Punkte	☹ 9–0 Punkte
Gut gemacht!	Gar nicht schlecht! Wo hattest du Schwierigkeiten? Wiederhole die passenden Übungen auf den Seiten 65–67.	Du solltest noch einmal üben! Arbeite die Seiten 65–67 erneut durch.

Wiederholung: Getrennt- und Zusammenschreibung

Wissen und können **Getrenntschreibung von Wortgruppen aus Nomen und Verb**

- Wortgruppen aus **Nomen und Verb** können immer **getrennt geschrieben** werden, z. B.: *Riesenrad fahren, Eis essen, Lose kaufen.*
- **Achtung:** Werden sie **nominalisiert** (► S. 65), schreibt man sie **zusammen und groß,** z. B.: *Beim Achterbahnfahren wird es mir immer schlecht. Dann hilft mir nur noch Eisessen.*

1 **Notiere die in Großbuchstaben hervorgehobenen Wortgruppen in der richtigen Getrennt- und Zusammenschreibung in der Randspalte.**
Tipp: Achte auf Nominalisierungen und schreibe diese zusammen und groß.

Auf dem Jahrmarkt

Einen Jahrmakt zu besuchen, das A-C-H-T-E-R-B-A-H-N-F-A-H-R-E-N und Z-U-C-K-E-R-W-A-T-T-E-E-S-S-E-N sowie auch ganz einfaches P-L-A-S-T-I-K-R-O-S-E-N-S-C-H-I-E-ß-E-N und selbst sehr vertrautes L-O-S-E-Z-I-E-H-E-N – all dies kann große F-R-E-U-D-E-M-A-C-H-E-N. Auf der „Oiden Wiesn", einem eigenen Teil des Münchner Oktoberfests, kann man alte Fahrgeschäfte bestaunen, mit denen Schausteller früher ihr G-E-L-D-V-E-R-D-I-E-N-T-E-N. Besonderen E-I-N-D-R-U-C-K-E-R-R-E-G-E-N die Fahrer im Motodrom, einem Parcours, in dem an senkrecht aufragenden Wänden M-O-T-O-R-R-A-D-G-E-F-A-H-R-E-N wird. Aber auch die alten Karusselle sorgen für zahlreiche J-U-B-E-L-S-C-H-R-E-I-E. Wer in den Bierzelten keine E-N-T-T-Ä-U-S-C-H-U-N-G-E-R-L-E-B-E-N will, sollte sich um eine P-L-A-T-Z-R-E-S-E-V-I-E-R-U-N-G-K-Ü-M-M-E-R-N. Und auch das passende Dirndl ist nicht immer leicht zu bekommen. In den Geschäften sollte man rechtzeitig vorher einen T-E-R-M-I-N-A-B-S-P-R-E-C-H-E-N.

2 ●●● **Schreibe den nachstehenden Text ab und setze in die Lücken die passenden Wortgruppe ein, indem du jeweils eines der folgenden Nomen links und eines der Verben rechts zu einer sinnvollen Wortgruppe verbindest.**

Entchen	Freunde	Riesenrad	Glücksrad
Lust	Autoscooter	Reiz	Paradiesapfel

drehen	haben	treffen	haben
fahren	essen	fahren	angeln

Ich muss gestehen, dass ich wenig -?-, auf den Jahrmarkt zu gehen. Das -?- finde ich langweilig. Beim -?- habe ich noch nie etwas gewonnen. Beim -?- bekomme ich Höhenangst und nach dem -?- tun mir immer alle Knochen weh. Das Einzige, was für mich einen gewissen -?-, ist, dass ich auf dem Jahrmarkt -?- und leckeren -?- kann.

Wissen und können **Getrenntschreibung von Wortgruppen aus Verb und Verb und mit „sein"**

- Wortgruppen aus **Verb und Verb** können **immer getrennt geschrieben** werden, z. B.: *spazieren gehen.*
- Das gilt auch für **Wortgruppen mit „sein"**, z. B.: *vorbei sein, los sein, dabei sein, vorhanden sein.*
- **Achtung: Nominalisiert** schreibt man sie **zusammen und groß,** z. B.: *Zum Fahrenüben wird geraten.*

3 **Der Buchstabensalat im Text ergibt jeweils zwei Verben. Schreibe diese in richtiger Schreibung auf.**

Am Beginn der elektrischen Mobilität

Das hätte sich Werner von Siemens sicherlich nicht A ~~TRMNLSSNÄUEAE~~: Mit der Erfindung der elektrischen Straßenbahn gelang ihm ein Coup, der auch heute noch zu B WßEINBEDRCKUENEI. Mit der Straßenbahn Groß-Lichterfelde in Berlin konnten sich erstmals Fahrgäste bequem durch die Stadt C HRFALSSENNAE. Außerdem fuhr man ins Grüne: Dort durften vor allem die Kinder D GHENEDEBAN. Wer das nicht wollte, blieb in der Stadt und konnte E KIENUAFNEHEGEN. Vorher hatte man zu diesem Zweck Pferdebahnen F LSSROAENLLEN. Wer das Deutsche Museum in München G SUHCNEMMTOKBE, hat die Möglichkeit, die ganze Geschichte der elektrischen Mobilität nachzuverfolgen.

A träumen lassen, ______________________________

____

4 **Setze in die folgenden Lücken den jeweils passenden Ausdruck mit „sein" ein. Achte dabei auf Tempus und Personalform des Verbs.**

vorbei • los • offen • vonnöten • dabei • möglich • vorhanden

Wann die Zeit der Pferdebahnen endgültig ____________, welche historischen Bahnen im Museum ____________ und welche Anstrengungen ____________, damit eine solch großartige Präsentation ____________, all das kannst du erfahren, wenn du bei einer Führung im Deutschen Museum ____________. Du solltest dich vorher erkundigen, wann das Museum ____________ und ob dort vielleicht auch gerade etwas Besonderes ____________.

5 ●●● **Markiere die sieben Fehler im folgenden Text und schreibe ihn verbessert in dein Heft.**

VORSICHT FEHLER!

Wenn ihr unser Museum Besuchen kommt, bieten wir euch zum kennenlernen unserer historischen Bahnen etwas ganz Besonderes an: Wir laden euch zum fahrenüben in einer Simulation auf einem Gleis rund um das Museum ein! Beim Einsteigen lassen könnt ihr zunächst kassierenlernen. Dann lernt ihr in der Simulation, die Bahn in Bewegung zu setzen, und könnt sie dann schneller oder langsamer fahren lassen. Für das Bremsen üben bekommt ihr vorher eine genaue Erklärung. Nach dem sicheren stehen bleiben der Bahn dürft ihr eure Fahrgäste aussteigen lassen.

Wissen und können **Getrennt- und Zusammenschreibung von Wortgruppen aus Adjektiv und Verb**

- Wortgruppen aus **Adjektiv und Verb** werden **meist getrennt geschrieben,** z. B.: *flugsicher machen, lebensecht darstellen, interessant gestalten.*
- Entsteht durch die Verbindung von Adjektiv und Verb **ein Wort mit einer neuen Gesamtbedeutung, schreibt man zusammen,** z. B.: *freistellen* (= beurlauben), *leichtfallen* (= keine Mühe machen), *kleinschreiben* (= ein Wort mit kleinem Buchstaben beginnen), *glattbügeln* (= einen Fehler beheben).
  Tipp: Wenn du unsicher bist, wie eine Wortgruppe richtig geschrieben wird, schau im **Wörterbuch** nach.

6 **a Markiere die jeweils zueinander gehörenden Adjektive/Partizipien und Verben durch gleiche Farben.**

vollständig | nahe | willkommen | möglich | gut | bereit | schwer | können

unterhalten | sehen | stehen | heißen | erhalten | bringen | fallen | machen

b Setze diese Wortgruppen sinnvoll in den folgenden Text ein.
Tipp: Vier der Wortgruppen werden getrennt, vier werden zusammengeschrieben. Wenn du unsicher bist, schlage in einem Wörterbuch nach.

Unsere Luftfahrtausstellung in Schleißheim möchte Sie ______________________.
Über 100 Fluggeräte sowie viele andere Exponate aus der Luft- und Raumfahrttechnik, die hier für Sie ______________________, wollen Ihnen die Geschichte der Luftfahrt ______________________.
Da wird es Ihnen bestimmt ______________________, eine Auswahl zu treffen. Außerdem können wir es ______________________, dass Sie bei uns in Schleißheim den ältesten noch in Betrieb befindlichen Flugplatz Deutschlands ______________________. Er geht auf das Jahr 1912 zurück. Einiges ist noch ______________________. Sie können sich sicher sein, dass Sie an einem Tag in Schleißheim vieles lernen werden und sich ______________________.

7 ●●● **a Markiere in dem folgenden Gitterrätsel waagerecht fünf versteckte Wortgruppen aus (Farb-)Adjektiv und Verb, die eine neue Gesamtbedeutung haben.**

A	R	O	S	C	H	W	A	R	Z	F	A	H	R	E	N	X
B	H	Y	M	R	O	T	S	E	H	E	N	Z	L	Ä	M	B
C	I	C	K	S	C	H	W	A	R	Z	Ä	R	G	E	R	N
D	Z	B	L	A	U	M	A	C	H	E	N	K	I	D	A	F

b Formuliere mit jedem der Verben einen Satz aus und schreibe diesen in dein Heft.

Wissen und können **Schreibung von Verbindungen aus Adverb und Verb, Präposition und Verb**

- Verbindungen aus **Adverb und Verb** werden
  - **zusammengeschrieben,** wenn die **Hauptbetonung auf dem Adverb** liegt, z. B.: *Wenn Meinungen **aufeinander**prallen, gibt es oft Streit.*
  - **getrennt geschrieben,** wenn **Adverb und Verb gleich betont** werden, z. B.: *Ihr solltet aufeinander hören!*
    Tipp: Wende die Erweiterungsprobe an: Wenn du ein Wort zwischen Adverb und Verb einfügen kannst, schreibst du getrennt, z. B.: *Wir können nicht gut miteinander (in einem Raum) arbeiten.*
- **Verbindungen aus Präposition und Verb** schreibt man in der Regel **zusammen.** Die Hauptbetonung liegt bei der Zusammensetzung meist auf der Präposition, z. B.: *aufmachen, mitsingen, durchgehen.*

8 **a Unterstreiche bei den markierten Verbindungen aus Adverb und Verb, wo die Betonung liegt.**
b Kreuze für jede der Verbindungen an, ob Getrennt- oder Zusammenschreibung richtig ist.

Klassenausflug ins Museum	Getrennt-schreibung	Zusammen-schreibung
A Wir sollten [zusammen?kommen], um gemeinsam den Bus zu nehmen.	☐	☐
B Das Klassensprecherteam wird die Gruppe [zusammen?halten].	☐	☐
C Würdet ihr bitte während der Führung nicht [dazwischen?reden]?	☐	☐
D Die Führung hat zwei Teile: Ihr könnt euch [dazwischen?setzen].	☐	☐
E Wir können nicht genau [vorher?sagen], wie lange die Veranstaltung dauert.	☐	☐
F Ob die Bilder euch gefallen, könnt ihr erst [nachher?sagen].	☐	☐
G Schön wäre es, wenn anschließend alle [zusammen?bleiben].	☐	☐

9 **Prüfe jede der folgenden Verbindungen zwischen Adverb und Verb mit der Erweiterungsprobe: Notiere sie, wo möglich, und kreuze diejenige Verbindung an, die getrennt geschrieben wird.**

☐ A Nach der Führung müsst ihr euch unbedingt [untereinander?austauschen].

☐ B Morgen könnt ihr euch mit der Beschreibung der Bilder [herum?schlagen], heute habt ihr frei.

Erweiterungsprobe: ____________________

10 **Bilde mit den nachfolgenden Präpositionen jeweils fünf Verben. Verwende dazu die angebotenen Verben und schreibe die Verbindungen in dein Heft.**

ziehen • gehen • arbeiten • laufen • sehen
sprechen • kommen • rechnen • wirken • lassen • stimmen
machen • nehmen • fragen • legen

durch … hinter … über … mit … auf …

11 Trenne in den folgenden Sätzen die Wörter voneinander ab und schreibe sie auf. Achte dabei auf die Getrennt- und Zusammenschreibung sowie auf die Groß- und Kleinschreibung.

Auf den Hund gekommen – das Dackelmuseum in Passau

Umesgleichvorwegzunehmen:

Ungewöhnlichistdiesesmuseumnatürlichschon, dennesgehthierumnichtsanderesalsdackel!

Übersehenkannmandasmuseumnicht:

Bereitsameingangweisteineübergroßedackelstatueaufdasungewöhnlicheinnenlebenhin.

Hinterdermuseumstüristeinebuntemischungvonüber4 500exponatenzusammengekommen.

Ansehendarfmanhieralles, mitnehmennatürlichnichts.

Dieliebedermuseumsbetreiberzudiesemtieristnichtzuüberschätzen.

Dennochwirdmanspätestensbeimverlassenleiseinsichhineinkichern. Wasfüreinetolleidee!

12 Bilde Verbindungen aus Adverb und Verb, die zu den folgenden Umschreibungen passen, und schreibe sie auf.

A die Zukunft deuten:

B zwei Streithähne trennen:

C ohne Zwischenräume schreiben:

D in die Einzelteile zerlegen:

E betrügen:

F zu laufen beginnen:

G erschaffen:

H sicher auf die andere Seite bringen:

gehen
auseinander
rennen
zusammen
gehen
voraus
schreiben
bringen
dazwischen
retten
nehmen
los
sagen
hinter
hervor
hinüber

Teste dich!

Getrennt- oder Zusammenschreibung?

1 **a Unterstreiche im folgenden Text acht Fehler. (8 Punkte)**
b Schreibe die verbesserten Wörter in die Randspalte. (8 Punkte)

VORSICHT FEHLER!

Rundherum im Flug

Genauergründen können die Historiker nicht, wann das Karussell entstandenist. Dass der Spaß zunächst der höfischen Gesellschaft vor behalten war, ist hingegengesichert – und auch, dass es aus einem Zweikampf zu Pferde hervor gegangen ist. Zu einem Ziel zu jagen und als Erster einen dort aufgehängten Ring zu durch stoßen – auf diesen Wettkampf soll das Karussell fahren letztlich zurück gehen.

2 **Notiere jeweils die richtige Schreibweise auf der Linie. (8 Punkte)**

Sonnenkönig Ludwig XIV. hat für seine Versailler Gäste immer neue Attraktionen ______ [erfinden?lassen], und so ließ er auch das Ringturnier ______ [weiter?entwickeln]: Hölzerne Pferde, die sich im ______ [Kreis?drehen] – diese weniger anstrengende Neuerung sollte bald an vielen europäischen Höfen ______ [Einzug?halten]. In der Französischen Revolution wurden adlige Privilegien auch dem Volk ______ [zugänglich?gemacht] – so auch die Karussells. Nostalgische Karussells können heute neben modernen Fahrgeschäften die Erinnerung an die frühen Zeiten des Karussells ______ [wach?halten]. Ein Karussell zu ______ [unter?halten], ist bis heute ein Beruf, der nicht ______ [leicht?fällt].

3 **Vergleiche deine Ergebnisse mit dem Lösungsheft (▸ S. 26). Für jede richtige Antwort bekommst du einen Punkt.**

☺ 24–18 Punkte	😐 17–12 Punkte	☹ 11–0 Punkte
Gut gemacht!	Gar nicht schlecht! Wo hattest du Schwierigkeiten? Wiederhole die passenden Übungen auf den Seiten 69–73.	Du solltest noch einmal üben! Arbeite die Seiten 69–73 erneut durch.

Üben macht sicher – Regeln zum Rechtschreiben

Fremdwörter richtig schreiben

Wissen und können **Fremdwörter**

- **Fremdwörter sind Wörter,** die **aus anderen Sprachen** kommen, z. B. *Detonation* (lat.-frz.), *kalkulieren* (lat.), *Lexikon* (griech.), *Backstage* (engl.). Meist erkennt man sie an der Aussprache und der Schreibweise.
- Häufig gebrauchte Fremdwörter der Alltagssprache werden oft eingedeutscht, d. h. dem Deutschen angeglichen. Für einige dieser Wörter sind dann zwei Schreibweisen möglich, z. B.: *die Biographie/Biografie, das Portemonnaie/Portmonee, der Friseur/Frisör.*
- Fremdwörter können **auch in zusammengesetzten Wörtern** vorkommen, z. B.: *das* ***Surf****brett, die* ***Skate****bahn, das* ***Ballon****fahren.*

1 **a** **Unterstreiche in jeder Gruppe A bis H das Wort in der richtigen Schreibweise.**
Tipp: Wenn du unsicher bist, dann schlage in einem Rechtschreib- oder Online-Wörterbuch nach.
b **Lasse dir die Fremdwörter diktieren. Prüfe mit Hilfe der Lösungen, ob du sie richtig geschrieben hast.**

VORSICHT FEHLER!

A Agression – Agresion – Aggression – Aggresion
B Accesoire – Assessoire – Accessoire
C Ballance – Ballence – Balance – Balence
D Intresse – Inntresse – Interese – Interesse
E dynahmisch – dünamisch – dynamisch – dynamig
F Athmosphäre – Atmosphäre – Atmosfäre
G Opposizion – Opposition – Oposition – Oposizion
H Highteck – Highthek – Highthech – Hightech

2 **a** **Unterstreiche in jeder Gruppe A bis L die beiden Wörter, deren Schreibweise die richtige ist.**
Tipp: Wenn du unsicher bist, dann schlage in einem Rechtschreib- oder Online-Wörterbuch nach.
b **Lasse dir die Fremdwörter diktieren. Prüfe mit Hilfe der Lösungen, ob du richtig geschrieben hast.**

VORSICHT FEHLER!

A Grafic – Grafik – Graphik – Graphic
B Bufet – Buffet – Büfett – Büfee
C Photograf – Fotograf – Photograph
D Xylofon – Xyllophon – Xyllofon – Xylophon
E Potential – Potentzial – Potenzial – Potencial
F Fanthasy – Fantasie – Phantasy – Phantasie
G Jogurt – Jogourt – Joguhrt – Joghurt
H Ortographie – Orthografie – Orthographie
I Sphagetti – Spagheti – Spaghetti – Spagetti
J Cousine – Cusine – Kusine – Cousiene
K substantiell – substanziell – substanziel
L kremig – krehmig – cremig – crehmig

3 **a** **Finde mit Hilfe der folgenden vier Bilder Fremdwörter, die Sportarten bezeichnen, und trage diese ein.**
b **Kreuze das Fremdwort an, das nicht aus dem Englischen stammt.**
Tipp: Wenn du unsicher bist, dann schlage in einem Rechtschreib- oder Online-Wörterbuch nach.

☐ A ☐☐☐☐☐☐☐☐☐☐☐☐☐☐☐
☐ B ☐☐☐☐☐☐☐☐☐☐
☐ C ☐☐☐☐☐☐☐☐☐☐☐
☐ D ☐☐☐☐☐☐☐☐

Schreibweisen nach einem kurzen Vokal

Wissen und können **Schreibweisen nach betonten kurzen Vokalen**

- Nach einem **betonten kurzen Vokal** folgen fast immer **zwei** oder mehr **Konsonanten.**
  Beim **deutlichen Sprechen** kannst du sie meist gut unterscheiden, z. B.: *klopfen, grinsen, schwanken.*
- **Hörst** du **nur einen Konsonanten,** wird er **verdoppelt,** z. B.: *Wa**ss**er, We**ll**e, schwi**mm**en.*
  → Anstatt *kk* schreibt man in der Regel ***ck,*** anstatt *zz* schreibt man **tz,** z. B.: *Be**ck**en, Ka**tz**e.*
  Achtung: ***ck*** wird am Zeilenende nicht getrennt, z. B.: *Be-**ck**en.*

1 **Markiere im folgenden Gitterrätsel waagerecht → und senkrecht ↓ mindestens 20 Wörter, bei denen der betonte Vokal kurz gesprochen wird.**

	A	B	C	D	E	F	G	H	I	J	K
1	Z	O	X	M	I	T	T	A	G	J	L
2	P	L	A	T	Z	M	K	L	E	O	T
3	R	I	S	S	W	I	T	Z	B	G	E
4	J	M	K	O	I	R	O	W	E	G	S
5	G	R	A	L	L	F	R	I	Z	E	T
6	R	O	S	S	D	H	T	C	R	N	P
7	A	S	S	J	K	L	M	K	A	L	T
8	M	P	E	W	E	T	T	E	C	A	O
9	M	N	P	A	R	O	S	N	H	G	T
10	A	T	U	C	U	L	V	W	E	E	Z
11	C	R	V	H	O	L	Z	A	B	C	D
12	K	U	S	S	E	F	A	G	H	I	K
13	E	H	E	W	S	K	U	M	M	E	R

2 **a** **Trage die im Gitterrätsel markierten Wörter passend in die folgende Übersicht ein.**
b **Setze bei jedem Wort einen Punkt unter den betonten kurzen Vokal und umkreise die Konsonanten, die ihm folgen.**

Nach dem betonten kurzen Vokal ...

A ... zwei (oder mehr) verschiedene Konsonanten: ______________________________

B ... *ck* oder *tz:* ______________________________

C ... verdoppelter Konsonant: ______________________________

____

3 ●●● **Fülle die folgenden Lücken, indem du entscheidest, ob der fehlende Konsonant nach dem betonten kurzen Vokal verdoppelt werden muss bzw. ob *tz* oder *ck* einzusetzen sind.**

Wer ke____t ihn nicht, den Augenbli____, we____ das Zeugnis ausgeteilt wird? Man si____t da und wartet, bis man endlich aufgerufen wird. Die Erfolge eines Jahres, zusa____engefa____t auf einem Stü____ Papier. Ein kurzer Bli____ aufs Bla____ – a____es in Ordnung. Vielleicht sind die Noten nicht überra____ berauschend, aber dafür ko____t je____t das Beste des ganzen Jahres: ab in die Ferien und ab in den So____er. Die Schule mu____ je____t sechs Wochen ohne dich ausko____en.

Schreibweisen langer Vokale

Wissen und können | **Schreibweisen bei betonten langen Vokalen**

- In den meisten Fällen wird der **betonte lange Vokal *(a/ä, e, o/ö, u/ü)*** nur **mit einem Buchstaben** geschrieben. Danach **folgt** meist **nur ein Konsonant,** z. B.: *das Lager, der Käfer, reden, holen, mögen, super.* Das gilt besonders für einsilbige Wörter, z. B.: *der Schal, nur, los, her, gut.*
- Mehr als drei Viertel aller Wörter mit **lang gesprochenem i** werden **mit ie geschrieben.** Es ist also die häufigste Schreibweise, z. B.: *hier, wie, viel, die Liebe, kriechen, fließen, der Kiesel.*
- Von **Fremdwörtern abgeleitete Verben** enden oft auf -ier/en, z. B.: spazieren, dividieren, detailliert.
  Achtung: Manchmal wird das lang gesprochene **i durch den Einzelbuchstaben** wiedergegeben, z. B.: *mir, dir, wir, der Igel, die Bibel, das Kino, das Kaninchen, Margarine, Apfelsine.*

1 a **Unterstreiche im folgenden Text alle Wörter mit einem betonten langen Vokal.**
b **Umkreise darunter die Wörter mit einem lang gesprochenen *i*.**

Moderne Sklaven oder pfiffige Anbieter?

Viele Menschen in den Metropolen Europas sind beim ersten Anblick ziemlich schockiert von diesem Bild: Kleine Dreiräder, angetrieben von einem Radler, befördern vielfach Gäste jedes Alters durch die Straßen. Sie schießen oft schneller als ein Taxi voran, denn sie stecken fast nie im Stau fest. Diese Velo-Taxis genießen auch den Ruf der Umweltfreundlichkeit. Das Wort „Velo“ ist die Kurzform des französischen „vélocipède“, was wiederum, wortgeschichtlich betrachtet, mit „Schnell-Fuß“ (lateinisch velox = schnell und pes = Fuß) zu übersetzen wäre.

2 **Trage in die Lücken *ie* oder *i* ein. Schlage bei Zweifel in einem Rechtschreib- oder Online-Wörterbuch nach.**

Fahrradrikschas, eine alternat___ve Bezeichnung für die Velo-Taxis, kutsch___ren inzw___schen in z___mlich v___len Bez___rken der Großstädte herum. Pol___tisch Interess___rte betonen, man müsse diese Veh___kel stärker fördern. Sie seien anges___chts g___gantisch gest___gener Benz___npreise die ___deale Ergänzung zum L___nien- und Indiv___dualverkehr. Die Velo-Fahrer kass___ren gut, wenn sie Tour___sten transport___ren.

3 **Trage in die Lückenwörter *ie* ein, wenn „wieder“ die Bedeutung von „nochmal, erneut, zurück“ hat. Trage hingegen *i* ein, wenn „wider“ im Sinne von „gegen, entgegen“ verwendet wird.**
Tipp: Wenn du unsicher bist, dann schlage in einem Rechtschreib- oder Online-Wörterbuch nach.

W___dergabe, W___derstand, W___derkehr, w___derum, W___derwille, w___derspiegeln, w___derholen

Wissen und können

- Bei einer **kleinen Gruppe** von Wörtern folgt **nach dem betonten langen Vokal** (oder Umlaut) **ein Dehnungs-*h*,** z. B.: *sehr, wohl, mehr, ungefähr, ähnlich.*
- Das **Dehnungs-*h*** steht besonders häufig **vor den Konsonanten *l, m, n* und *r*** und bleibt auch in den verwandten Wörtern erhalten, z. B.: *Nahrung – nahrhaft, ernähren; lehren – Lehrer, gelehrt; Lohn – lohnend, Belohnung.*
  Achtung: Nur in **einigen Pronomen** wird das **lange *i* als *ih*** geschrieben, z. B.: *ihr, ihm, ihn, ihre, ihren.*

4 **Schreibe zu jedem der folgenden Wörter je fünf verwandte Wörter in dein Heft.**

A Befehl B fahren C hohl D nehmen E stehlen F dehnen G Fehler H wahr

Die Schreibung der *s*-Laute

Wissen und können | **Schreibweisen der *s*-Laute *s* und *ß***

- Das **stimmhafte *s*** (= weicher, gesummter Laut) wird **immer mit einfachem *s*** geschrieben, z. B.: *die Hose, der Riese.*
- Das **stimmlose *s*** (= harter, zischender Laut) wird **nach einem betonten langen Vokal oder nach einem Diphthong** (Doppellaut: ***ei, au, eu, ai, äu***) **mit *ß*** geschrieben, z. B.: *draußen, Straße, schießen.*
  Tipp: Prüfe am Wortende mit der **Verlängerungsprobe.** Zerlege dafür, wo nötig, zusammengesetzte Wörter:
  - Bleibt der ***s*-Laut stimmlos,** schreibst du ***ß***, z. B.: *die Heiß|luft → heißer, die Süß|kartoffel → die Süße.*
  - **Wird** der **stimmlose *s*-Laut** im verlängerten Wort **stimmhaft,** wird das Wort mit einem **einfachen *s*** geschrieben, z. B.: *Glas|schrank → Gläser, Gras|fläche → grasen.*

1 ***s* oder *ß*?**
Prüfe für die folgenden zusammengesetzten Wörter die Schreibweise des fehlenden *s*-Lauts, indem du die Verlängerungsprobe anwendest. Schreibe jedes Wort richtig auf und gib das Verlängerungswort an.

~~Ma ? band~~ Lau ? bub Bla ? instrument Krei ? verkehr Glei ? führung
Wei ? wurst Gru ? wort Ei ? waffel Na ? horn Rei ? leine

Maß|band → Maße,

Wissen und können | **Schreibweisen für den *s*-Laut nach einem betonten kurzen Vokal: *ss***

- **Nach einem betonten, kurzen Vokal** wird das **stimmlose *s*** (= harter, gezischter *s*-Laut) meist mit ***ss*** geschrieben, z. B.: *vermessen, gelassen, Klasse, vermissen.*
- Bei **Nomen mit dem Suffix** (Nachsilbe) ***-nis* verdoppelt** sich das ***s* im Plural,** z. B.: *Ergebnis → Ergebnisse.*

2 a **Zerlege die folgenden Wörter und notiere jedes Wort mit Verlängerungswort.**
b **Achtung: Eines der Wörter wird mit *ß* geschrieben. Erkläre diese Schreibweise.**
c **Setze in jedem Verlängerungswort mit *ss* einen Punkt unter den betonten kurzen Vokal.**

~~Schu ? fahrt~~ • Bi ? wunde • Schlo ? park • Me ? becher • Sto ? dämpfer • Flu ? biegung • Vergi ? meinnicht • Schlu ? verkauf • Achtklä ? ler • Na ? zelle • Pa ? wort • e ? bar

Schuss|fahrt → Schüsse,

Erklärung:

„das" oder „dass"?

Wissen und können **Relativpronomen (das) oder Konjunktion (dass)?**

Zu Beginn eines Nebensatzes wird das **Relativpronomen „das"** häufig verwechselt mit der **Konjunktion „dass"**. Prüfe mit der **Ersatzprobe**:

- Kann **„das" durch „welches" ersetzt** werden, wird es mit einem ***s*** geschrieben, z. B.: *Das Gefühl, das (= welches) wohl die meisten Menschen erstreben, ist das Glück.*
- Die Konjunktion „dass" kann nicht ersetzt werden, z. B.: *Das Gefühl, dass die Zeit zu schnell verrinnt, quält viele Menschen.*

1 **a Formuliere die folgenden Sätze in Relativsätze (▶ S. 53) um und schreibe sie in dein Heft.**
b Unterstreiche in deinen Sätzen das Relativpronomen.

A Das neu heruntergeladene Spiel lässt Carl die Zeit vergessen.

B Ebenso aus dem Blick gerät das für morgen vorzubereitende Referat über Zeitmanagement.

C Als schließlich alles zu spät ist, denkt Carl sich für den nächsten Tag ein den Lehrer besänftigendes Märchen aus.

2 **a Gib in deinem Heft die folgende direkte Rede als dass-Sätze (Subjekt- oder Objektsatz) wieder. Schreibe ins Heft.**
Tipp: Beachte, dass sich bei der Redewiedergabe das Personalpronomen ändert.
b Unterstreiche in deinen Sätzen die Konjunktion.

A Carl erzählt seinem Lehrer: „Das Ticken der Uhr ging im Lärm des neuen Spiels unter, bis es zu spät war."

B Der Lehrer flüstert zu sich selbst: „Carl scheint mich für dumm zu halten."

C Er sagt grinsend: „Carl, mit deiner Erfindungsgabe solltest du Schriftsteller werden."

3 ●●● **Entscheide für die folgenden Sätze, ob es sich um das Relativpronomen *das* oder um die Konjunktion *dass* handelt.**
Tipp: Führe die Ersatzprobe durch und streiche das falsche Wort.

Menschen ohne Zeitgefühl

Habt ihr schon bemerkt, das/dass Erwachsene kein Zeitgefühl haben? Meine Eltern zum Beispiel: Morgens rufen sie ungeduldig ins Bad, das/dass ich gerade erst betreten habe, um mir mitzuteilen, das/dass auch andere duschen möchten. Für das Frühstück, das/dass man nun wirklich blitzschnell erledigen kann, planen sie dagegen eine halbe Ewigkeit ein. Das/dass der Bus nicht auf mich warten würde, höre ich jeden Morgen, obwohl ich ihn fast nie verpasse. Jeden Tag aufs Neue sind unsere Lehrer überrascht, das/dass die Stunde schon zu Ende ist, während wir das Ende, das/dass sich extrem schleichend nähert, immer im Blick haben. Das/dass Erwachsene kein Zeitgefühl haben, wird abends besonders deutlich: Kaum fasse ich mein Handy an, das/dass in der Schule beiseitegelegt werden musste, höre ich, das/dass ich meine Zeit nicht damit verschwenden solle. Auch das/dass ausgerechnet dann Schlafenszeit sein soll, wenn man endlich chillen könnte, kann nur mit fehlendem Zeitgefühl erklärt werden.

Teste dich!

Regeln zum Rechtschreiben

1 **Die folgenden Fremdwörter enthalten Fehler. Schreibe sie verbessert auf. (6 Punkte)**

VORSICHT FEHLER!

A Rhethorik ______ C Rythmus ______ E Symmetri ______

B Downlod ______ D Havari ______ F Sympatie ______

2 **Einfacher oder doppelter Konsonant? Trage in die Lücken ein. (10 Punkte)**

Die DASA: Großartige Erlebnisse ru___d um die Arbeitswelt

Nur wenige ke___en diese riesige Ausste___ung in Dortmund. Eine Familienrallye ermu___tert dort zu allerha___d Aktivitäten: Im Lkw-Simulator ka___st du einen schweren Truck durch eine to___e Kulisse le___ken. Im „DASA-Drom" gerät ein Warenlager zur gruseligen Gei___terbahn. Im einem besonderen Gerät machst du Beka___tschaft mit dem Training für Astronauten.

3 **Kreuze für jede der folgenden Aussagen über die mögliche Schreibung betonter langer Vokale an, ob sie richtig oder falsch ist. (3 Punkte)**

	richtig	falsch
A Der betonte lange Vokal wird meistens nur mit einem Buchstaben geschrieben.	☐	☐
B Das lang gesprochene **i** schreibt man meistens mit nur einem Buchstaben.	☐	☐
C Ein **h** folgt nur in einer kleinen Gruppe von Wörtern auf einen langen Vokal.	☐	☐

4 ***s, ss* oder *ß*? Trage in die Lücken ein. (11 Punkte)**

Was pa___iert, wenn drau___en nichts geschieht, man aber ständig aufpa___en mu___? Da___ lä___t sich in der rie___engro___en historischen Leitwarte des Kraftwerks Hamm-Uentrop nachempfinden. Und wei___t du schon, da___ der sogenannte „elektrische Kuss" in Flaschen abgefüllt wurde? Im Jahr 1745 machte eine „Elektri___iermaschine" dies möglich. Wie das funktionierte, erfährst du in der DASA.

5 ***das* oder *dass*? Erkläre im Heft, wie du die richtige Schreibweise ermitteln kannst. (1 Punkt)**

6 **Vergleiche deine Ergebnisse mit dem Lösungsheft (▸ S. 28). Für jede richtige Antwort bekommst du einen Punkt.**

☺ 31–21 Punkte	😐 20–14 Punkte	☹ 13–0 Punkte
Gut gemacht!	Gar nicht schlecht! Wo hattest du Schwierigkeiten? Wiederhole die passenden Übungen auf den Seiten 75–79.	Du solltest noch einmal üben! Arbeite die Seiten 75–79 erneut durch.

Zeichensetzung

Das Komma zwischen Sätzen

Wissen und können **Die Kommasetzung in Satzreihe (Hs + Hs) und Satzgefüge (Hs + Ns)**

- Die einzelnen **Hauptsätze einer Satzreihe** (▶ S. 52) werden durch ein **Komma** voneinander getrennt, z. B.: *Kaum jemand versteht Gebrauchsanweisungen, die meisten sind rätselhaft.*
  Nur vor ***und*** bzw. ***oder*** **darf** das **Komma entfallen,** z. B.: *Man liest sie(,) und oft verzweifelt man daran.*
- In einem **Satzgefüge** (▶ S. 52) kann der **Nebensatz vor, zwischen oder hinter dem Hauptsatz** stehen. Zwischen Hauptsatz und Nebensatz muss **immer ein Komma** stehen, z. B.: *Die Gebrauchsanweisung, die jeder versteht, muss erst noch erfunden werden.*
- Ein **Satzgefüge** kann **mehrere Nebensätze** enthalten. **Alle** Nebensätze werden **mit einem Komma** abgetrennt, z. B.: *Man kann nur ohne Bedienungsanleitung zurechtkommen, wenn man weiß, wie es geht.*
  Folgende Wörter können **Nebensätze einleiten.**

unterordnende **Konjunktionen**	*nachdem, wenn, obwohl, weil, dass, indem …*	*Wenn man Schritt für Schritt liest, erschließt sich manchmal der Sinn.*
Fragewörter und **„ob“**	*wann, woher, warum, weshalb, wie, wo, ob …*	*Man versteht nicht immer, weshalb man etwas tun soll.*
Relativpronomen	*der, die, das, welcher, welche, welches*	*Ein Gerät, das alle benutzen, muss sich selbst erklären.*

1 **a** **Setze in den folgenden Sätzen A bis F die fehlenden Kommas.**
b **Begründe deine Zeichensetzung, indem du für jeden Satz die Ziffer des passenden Satzbauplans einträgst.**

Satzbaupläne:
1 1 Hs, 1 Ns, 1 Hs, 2 Kommas
2 2 Hs, 1 Komma kann stehen
3 1 Hs, 2 Ns, 2 Kommas
4 2 Hs, 1 Komma muss stehen
5 1 Ns + 1 Hs, 1 Komma
6 1 Hs + 1 Ns, 1 Komma

Bedienungsanleitung „Sprache“

VORSICHT FEHLER!

A ☐ Wir gratulieren zum Erwerb Ihrer Muttersprache und wir wünschen viel Erfolg bei ihrer Verwendung!

B ☐ Ihre Sprache ist ein hochentwickeltes und vielseitiges Medium das Ihnen in allen Lebenssituationen nützliche Dienste leisten wird wenn Sie es richtig einzusetzen wissen.

C ☐ Damit Sie viel Freude daran haben sollten Sie folgende Hinweise unbedingt beachten:

D ☐ Gehen Sie achtsam und überlegt mit Ihrer Sprache um denn ein unsachgemäßer Gebrauch kann zu schwerwiegenden Störungen in zwischenmenschlichen Beziehungen führen.

E ☐ Für eine optimale Nutzung Ihrer Sprache raten wir Ihnen zur Anschaffung eines Wörterbuchs das Ihnen besonders beim schriftlichen Gebrauch eine große Hilfe sein kann und wir empfehlen Ihnen die Verwendung eines möglichst umfangreichen Wortschatzes.

F ☐ Den Erwerb einer Zweitsprache sollten Sie erwägen wenn Sie grundsätzlich Gefallen am Gebrauch einer Sprache finden.

Das Komma bei Infinitiv- und Partizipialkonstruktionen

Wissen und können **Komma in Infinitivkonstruktionen**

- **Infinitivkonstruktionen darf** man immer **durch Komma** vom Hauptsatz abtrennen.
- Ein **Komma muss** stehen,
  - wenn die Infinitivkonstruktion mit ***um, anstatt, statt, außer, ohne, als*** **eingeleitet** wird, z. B.: *Sie schreibt, ohne nachzudenken.*
  - wenn die Infinitivkonstruktion von einem Nomen oder einem hinweisenden Wort wie ***dazu, daran, darauf*** oder ***es*** im Hauptsatz abhängt, z. B.: *Benutzerhinweise dienen dazu, Informationen schneller zu finden.*
- Bei **einfachen Infinitiven** (*zu* + Infinitiv) **kann** man das **Komma weglassen,** sofern dadurch **kein Missverständnis** entsteht, z. B.: *Sie bat ihn(,) zu lesen.*

  Tipp: Es empfiehlt sich, immer ein Komma zu setzen, weil es die Gliederung eines Satzes verdeutlicht und niemals falsch ist.

1 **a** **Setze in den folgenden Satzgefügen fehlende Kommas.**
b **Verwende für jeden Satz das umrahmte Wort, um ihn in eine Infinitivkonstruktion umzuformen.**
c **Unterstreiche in deinem Satz die Infinitivkonstruktion und prüfe, ob du das Komma richtig gesetzt hast.**

VORSICHT FEHLER!

A Wenn du lange über der richtigen Schreibweise eines Wortes grübeln musst solltest du lieber gleich in einem Wörterbuch nachschlagen. [anstatt]

Anstatt lange ....

....

B Allerdings musst du einige Nachschlagetechniken beherrschen damit du gezielt suchen kannst. [um]

....

C Wahrscheinlich hast du schon oft in der alphabetischen Wörterliste eines Wörterbuchs nachgeschlagen dich vorher aber nicht um die Benutzerhinweise gekümmert. [ohne]

....

....

D Wenn man alle Abkürzungen in den Einträgen zu einem Wort verstehen will muss man sich in der Einführung ein wenig kundig gemacht haben. [um]

....

....

E Falls du an der Kommasetzung zweifelst bleibt dir nur übrig dass du im Regelteil des Wörterbuchs nachschaust. [nichts anderes ... als]

....

F Wenn du dir nie die Benutzerhinweise und den Regelteil in einem Wörterbuch ansiehst findest du zu deinen Rechtschreibfragen auch keine Antworten. [ohne]

....

....

2 **a** **Unterstreiche in den folgenden Sätzen die Infinitivkonstruktionen.**
b **Setze die fehlenden Kommas und markiere das hinweisende Wort im Hauptsatz.**

VORSICHT FEHLER!

Wandelnde Wörterbücher

In der Schule hast du die Möglichkeit interaktive Wörterbücher zu benutzen: Die Deutschlehrkräfte sind gerne dazu bereit dir auch die kompliziertesten Fragen zur Rechtschreibung zu beantworten. Für den Umgang mit ihnen ist es allerdings ratsam einige Benutzerhinweise zu beachten. Warte eine günstige Gelegenheit ab um deine Frage zu stellen. Bemühe dich darum dein Problem möglichst klar zu formulieren. Wenn dir die angebotene Lösung nicht wirklich hilft, ist es unbedenklich noch einmal nachzufragen. Bei orthografischen Fragen ist es eine gute Alternative sich die Hilfe schriftlich geben zu lassen. Denke daran dich nach erfolgreicher Hilfe freundlich bei deinem interaktiven Wörterbuch zu bedanken.

Wissen und können **Komma in Partizipialkonstruktionen**

- **Partizipialkonstruktionen darf** man immer **durch Komma** vom Hauptsatz trennen.
- Ein **Komma muss** stehen,
  - wenn durch ein hinweisendes Wort auf die Partizipialkonstruktion Bezug genommen wird, z. B.: *Der Redner vermittelte so, ständig von einem Bein aufs andere wechselnd, einen unruhigen Eindruck.*
  - wenn die Partizipialkonstruktion eine **nachgestellte Erläuterung** ist, z. B.: *Die Rede, vom Publikum mit Spannung erwartet, wurde eine Enttäuschung.*
- In allen anderen Fällen **kann** die Partizipialkonstruktion vom Hauptsatz abgetrennt werden, um den Satz übersichtlicher und besser verständlich zu machen, z. B.: *Ruhe abwartend(,) stand die Rednerin da.*

3 **a** **Die folgenden Sätze enthalten Partizipialkonstruktionen. Unterstreiche diese und setze die fehlenden Kommas.**
b **Formuliere die Partizipialkonstruktionen in Nebensätze um.**

VORSICHT FEHLER!

A Klar und deutlich strukturiert vermittelt dieser Ratgeber in übersichtlicher Form die wichtigsten Strategien für eine gelungene Rede.

Da der Ratgeber klar und deutlich strukturiert ist, vermittelt

B Gründlich und umfassend vorbereitet kann ein guter Redner während des Vortrags spontan reagieren.

C Außerdem kann er unterschiedliches Bildmaterial bereithaltend im Referat variieren.

D Sich nicht mit unnötigen Details aufhaltend konzentriert er sich auf das Wesentliche und fasst am Ende die Ergebnisse zusammen.

Das Komma bei Appositionen und nachgestellten Erläuterungen

Wissen und können **Die Kommasetzung bei Appositionen und nachgestellten Erläuterungen**

- Die **Apposition** besteht in der Regel aus einem **Nomen oder einer Nomengruppe.** Sie folgt ihrem Bezugswort (meist ein Nomen), steht im gleichen Kasus wie dieses und wird **durch Kommas abgetrennt,** z. B.: *Ein Beamer, ein Gerät zur Projektion von Bildschirmoberflächen, sollte in jedem Klassenraum stehen.*
- Die **nachgestellte Erläuterung** wird oft mit **Wörtern** wie ***nämlich, und zwar, vor allem, das heißt (d. h.), zum Beispiel (z. B.)*** **eingeleitet.** Sie wird **durch Kommas abgetrennt,** z. B.: *Der mündliche Vortrag, vor allem freies Reden vor einer größeren Gruppe, muss trainiert werden.*

1 **a** **Unterstreiche im folgenden Text die Appositionen. Umkreise das Bezugswort im Hauptsatz.**
b **Setze die fehlenden Kommas.**

VORSICHT FEHLER!

Visualisierungsmedien technische Hilfsmittel zur Unterstützung eines mündlichen Vortrags dienen der Anschaulichkeit und der vereinfachenden Erklärung. Auf Flipcharts meist dreibeinigen Ständern mit einem sehr großen Papierblock können Ideen und Ergebnisse in einer Gruppenarbeit mit einem Filzstift spontan festgehalten werden. Vorbereitete Folien können mit dem Overheadprojektor einem auch im digitalen Zeitalter noch häufig eingesetzten Medium gut lesbar präsentiert werden. Die digitalisierte Form der Tafel das sogenannte Whiteboard ermöglicht es, vorgefertigte Grafiken oder Texte handschriftlich zu ergänzen und so speichern zu lassen. Das Handout ein Zettel mit gedruckten Informationen begleitet den Vortrag mit wichtigen Thesen und ergänzt ihn um Literaturhinweise. Plakate bieten auf diese Weise besser wahrnehmbar auch aus der Ferne großformatige Kombinationen aus Text, Bild und Grafik auf Papier oder Pappe.

2 **Erweitere jeden der folgenden Sätze an den vorgegebenen Stellen, indem du eine passende Erläuterung auswählst und den Satz damit aufschreibst. Beachte die Kommasetzung.**

zum Beispiel Nikotin und Alkohol • und zwar eisernes • vor allem eine angemessene Atemtechnik • nämlich den Hals-Nasen-Ohren-Ärzten

A Zur Pflege der Stimme bekommt man bei Fachleuten ↓ nützliche Tipps.

B Bei angegriffenen Stimmbändern gilt Schweigen ↓ als das wirkungsvollste Mittel.

C Ein bewusster Umgang mit der Stimme ↓ hilft, Heiserkeit zu vermeiden.

D Bestimmte chemische Stoffe ↓ greifen die Stimmbänder an.

Teste dich!

Zeichensetzung

1 Setze im folgenden Text die fehlenden Kommas. (11 Punkte)

VORSICHT FEHLER!

Um Ihr *** zu bedienen stehen Ihnen das Tastenfeld und das Display zur Verfügung. Einige Funktionen setzen voraus dass der Netzbetreiber diese unterstützt zum Beispiel Funktionen bei denen Informationen zur Rufnummer des Anrufers nötig sind. Das Display zeigt abhängig von den aktuellen Einstellungen unterschiedliche Informationen an unter anderem Datum und Uhrzeit. Über die Steuertaste haben Sie die Möglichkeit die Funktionen des *** zu aktivieren. Anstatt direkt in den Hörer zu sprechen können Sie auch die Freisprechfunktion nutzen. Wenn eine Nummer gespeichert ist wird der zugehörige Name angezeigt sofern er vorher eingegeben wurde. – *Was wird hier beschrieben?*

2 a Setze in den folgenden Sätzen die fehlenden Kommas. (8 Punkte)
b Trage für jeden Satz die Ziffer der passenden Beschreibung des Satzbauplans ein. (4 Punkte)

Beschreibungen der Satzbaupläne:

1 1 Hs mit eingeschobenem Ns + 1 Ns, 3 Kommas
2 1 Partizipialkonstruktion + 1 Hs, 1 Komma
3 1 Hs mit nachgestellter Erläuterung, 2 Kommas
4 1 Ns + 1 Hs + 1 Infinitivkonstruktion, 2 Kommas

A ☐ Die Daten werden vom Host-Kanal also dem die Programmliste übertragenden Fernsehsender mehrmals täglich gesendet.

B ☐ Nach geografischen Regionen ausgerichtet werden die Sender in der TV-Programmliste angezeigt.

C ☐ Ein Sender der in Ihrer Region nicht registriert ist wird selbst dann nicht in der TV-Programmliste angezeigt wenn sein Signal empfangen wird.

D ☐ Wenn Sie die Programmliste heruntergeladen haben müssen Sie die Daten regelmäßig abrufen um die Programmliste zu aktualisieren. – *Was wird hier beschrieben?*

3 Kreuze an, welche der folgenden Aussagen richtig und welche falsch ist. (4 Punkte)

	richtig	falsch
A Werden zwei Hauptsätze mit *und* bzw. *oder* verbunden, darf kein Komma gesetzt werden.	☐	☐
B Bei einfachen Infinitiven mit *zu* darf kein Komma gesetzt werden.	☐	☐
C Die Apposition steht im gleichen Kasus wie ihr Bezugswort und wird durch Kommas abgetrennt.	☐	☐
D Infinitiv- und Partizipialkonstruktionen durch Kommas vom Hauptsatz abzutrennen, ist niemals falsch.	☐	☐

4 Vergleiche deine Ergebnisse mit dem Lösungsheft (► S. 29). Für jede richtige Antwort bekommst du einen Punkt.

☺ 27–22 Punkte	☺ 21–14 Punkte	☹ 13–0 Punkte
Gut gemacht!	Gar nicht schlecht! Wo hattest du Schwierigkeiten? Wiederhole die passenden Übungen auf den Seiten 81–84.	Du solltest noch einmal üben! Arbeite die Seiten 81–84 erneut durch.

Jahrgangsstufentest

Einen Jahrgangsstufentest meistern

Zu Beginn der 8. Klasse wird im Fach Deutsch **bayernweit** ein **Jahrgangsstufentest** abgehalten. Um dich darauf vorzubereiten, findest du auf den nächsten Seiten Übungsaufgaben, die sich an einem Originaltest orientieren. Wie dieser sind auch die folgenden Übungen in vier Kompetenzbereiche gegliedert:

I Textzusammenfassung und Textverständnis,
II Ausdrucksvermögen,
III Formale Sprachbeherrschung,
IV Zeichensetzung und Rechtschreibung.

Der folgende Test hilft dir zu erkennen und anzuwenden, was du im Fach Deutsch schon alles gelernt hast.
Es begegnen dir **verschiedene Aufgabenarten,** z. B.:
- in einer Auswahl von Antworten die richtige ankreuzen (Multiple Choice),
- eine Statistik auswerten,
- Ausdrücke oder Rechtschreibfehler verbessern,
- Synonyme finden.

Lies die Texte und die Aufgabenstellungen stets sehr **aufmerksam.**
Überlege, bevor du vorschnell ankreuzt, ob du **genau verstanden** hast, was verlangt wird.
Tipp: Stelle Aufgaben, die du nicht auf Anhieb lösen kannst, zurück und bearbeite sie zum Schluss.
Du kannst deine Antworten mit Hilfe des Lösungsheftes selbst prüfen und anhand der erreichten Punktzahl deinen **Lernstand bewerten.**
Stelle deine Fehlerschwerpunkte selbst fest und notiere, was du wiederholen und üben solltest.

Kompetenzbereich I: Textzusammenfassung und Textverständnis

1 Lies den informierenden Text über John und Hank Green und löse die Aufgaben auf den nächsten Seiten.

Die Green-Brüder – Videoblogs und Literatur gegen den Mainstream

Es klingt zunächst wie ein modernes Internet-Märchen. Als die Brüder John und Hank Green 2007 ihren Videoblog starten, sind sie zwei unter vielen Tausenden, die Medienerfolg mit selbst gefilmten Ratgebern, Aufführungen oder Performances suchen. Mittlerweile gehört ihr Videokanal zu den meistgesehenen auf einem der bekanntesten Internetportale. Mehr als eine Million Fans haben den Kanal abonniert. Jeden Tag verfolgen mehrere hunderttausend Jugendliche die Videobeiträge der Green-Brüder und ihrer Mitstreiter.
Der Internetruhm der beiden Mittdreißiger ist allerdings nicht vom Himmel gefallen. John Green veröffentlichte im Jahr 2005 den Jugendroman „Eine wie Alaska“. Nachdem der Roman im selben Jahr einen Preis der amerikanischen Bücherei-Vereinigung gewonnen hatte, zog er Jahr für Jahr eine wachsende Leserschaft an.

John Green (links) und Hank Green (rechts)

2008 war er sogar für den Deutschen Jugendliteraturpreis nominiert.
Auch für Hank war der Start des Kanals nur ein weiterer Schritt in seiner Medienkarriere. Der studierte Biochemiker betrieb seit 2005 einen der größten Blogs für Umweltthemen und ent-

sprechende Technologie. Doch auch Hank hat eine künstlerische Seite: Er singt Folksongs zu eigener Gitarrenbegleitung und betreibt ein Musiklabel.

In ihren diversen Videokanälen geht es den Green-Brüdern um die etwas anderen amerikanischen Jugendlichen. Sie reden und schreiben über die Einsamkeit der Außenseiter, machen sich über die Sportbesessenheit der Amerikaner lustig und erklären Probleme aus Chemie und Physik, wie z. B. die größte Kraft im Universum. Es gibt keine Tipps zu Styling, In-Themen oder wie man sich beliebt macht. Stattdessen rufen die Greens ihre Anhänger auf, sich für ehrenamtliche Projekte zu engagieren. Dabei hat sich eine gewisse Arbeitsteilung ergeben: John videobloggt meist über Literatur, Philosophie, Gesellschaft und Politik, während Hank naturwissenschaftliche Fragestellungen beantwortet.

Wer sich über solche Themen Gedanken macht, gilt in Amerika als sogenannter „Nerd“. Dieser ursprünglich abwertende Begriff bezeichnet all jene, die nicht zu den Sportlichen, Adretten, Angepassten zählen, dafür aber gut in Mathe sind oder Gedichte schreiben. Nerds sind oft von Technik fasziniert, insbesondere von Computern und dem Internet. Und statt für Football brennen sie für Weltraum-Opern wie „Star-Wars“ oder Fantasy-Epen wie „Herr der Ringe“. Selbst in Hollywoodfilmen gehört der Nerd mittlerweile zu den Standardrollen.

Und so überrascht es kaum, dass die Greens und ihre Fangemeinde sich den Titel „Nerdfighters“ gegeben haben. Nerdfighters kämpfen natürlich nicht gegen Nerds. Stattdessen nehmen sie es mit all dem auf, was Hank in einem Videobeitrag einmal als „Worldsuck“ bezeichnet hat – frei übersetzt: der Mist, der jeden Tag auf der Welt passiert.

Realistische Romane

John Green greift beim Schreiben auf selbst Erlebtes zurück. So ist „Eine wie Alaska“ stark von Erlebnissen auf der Indian Springs School beeinflusst, einem Internat, welches er lange Jahre besuchte. Er erzählt die Geschichte des Außenseiters Miles Halter aus der Ich-Perspektive und beschreibt das tödliche Scheitern seiner ersten Liebe.

Nach dem Studium arbeitete Green für fünf Monate als Kaplan in einem Kinderkrankenhaus. Sein Werk „Das Schicksal ist ein mieser Verräter“ von 2012 enthält viele Motive aus dieser Zeit und verarbeitet seine Begegnungen mit jugendlichen Krebspatienten.

Green beschreibt sehr realistisch schicksalhafte Lebenssituationen von Jugendlichen wie die erste Liebe, aber auch Gruppenkonflikte, Tod, Selbstmord und die Frage nach Schuld und Verantwortung. Dabei vermeidet er geschickt Klischees und Vorurteile. Dieser Ansatz unterscheidet seine Bücher nach Ansicht vieler Kritiker wohltuend von den aktuellen Genre-Bestsellern der Jugendliteratur, in denen Vampire, Werwölfe und andere Fantasygestalten durch vorhersehbare Geschichten jagen.

2 Jeweils einer der folgenden Vorschläge für eine Zwischenüberschrift erfasst den Kerngedanken des entsprechenden Abschnitts am genauesten. Setze jeweils ein Kreuz. **je 1 Punkt**

Abschnitt 1 (Z. 1–12):
- A ☐ Die Green-Brüder: zwei herausragende Autoren
- B ☐ Die Green-Brüder: zwei herausragende Videoblogger
- C ☐ Die Green-Brüder: zwei herausragende Internet-Blogger
- D ☐ Die Green-Brüder: zwei Nerds mit Videokanal

☐ Punkt

Abschnitt 2 (Z. 13–21):
- A ☐ Der preisgekrönte Jugendbuch-Autor John Green
- B ☐ Der erfolgreiche Jugendbuch-Autor Hank Green
- C ☐ Die viel beachteten Autoren Hank und John Green
- D ☐ Der ausgezeichnete Autor Hank Green

☐ Punkt

Abschnitt 3 (Z. 22–29):
A ☐ Hank Greens Hobbys
B ☐ Hank Greens ursprünglicher beruflicher Weg
C ☐ John Greens Alltag
D ☐ Hank Greens beruflicher Werdegang

☐ Punkt

Abschnitt 4 (Z. 30–44):
A ☐ Engagement und Bildung – der Videoblog der Green-Brüder
B ☐ Reden und Schreiben – der Videoblog der Green-Brüder
C ☐ Ehrenamt und Naturwissenschaft – der Videoblog der Green-Brüder
D ☐ Außenseiterthemen statt Stylingtipps – der Videoblog der Green-Brüder

☐ Punkt

3 a Kreuze an, welche drei folgenden Erklärungen für den im Text genannten Begriff „Nerdfighter" (Z. 58 f.) am besten zutrifft. **1 Punkt**

A ☐ **Max:**

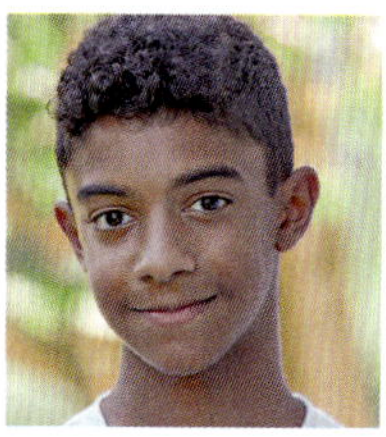

„Nerdfighters" sind Jugendliche, die in der Welt der Technik leben und denen wenig Zeit bleibt, am Alltag teilzuhaben. Ihre Technikbegeisterung verlangt, dass sie die meiste Zeit des Tages am Computer verbringen.

B ☐ **Emma:**

„Nerdfighters" sind technikbesessen. Aktuelle Trends sind für sie oft nebensächlich, sie widmen nahezu ihre gesamte Energie den speziellen Themen ihrer Blogs und haben dadurch wenig Zeit für das, was Jugendliche wirklich interessiert.

C ☐ **Leon:**

„Nerdfighters" sind von Technik und Computern begeistert. Darüber hinaus sind sie engagiert und interessieren sich für anspruchsvolle Themenbereiche wie Philosophie und Naturwissenschaften. Ihre Blogs sind spezieller als andere.

☐ Punkt

b Kreuze an, was unter dem Begriff „Klischee" (Z. 85) zu verstehen ist. **1 Punkt**

A ☐ abgegriffene Vorstellung B ☐ Kulisse C ☐ Fälschung D ☐ Karikatur

☐ Punkt

4 Um den Textzusammenhang zu verdeutlichen, beziehen sich manche Stellen eines Textes auf bereits Gesagtes, erklären bestimmte Inhalte ausführlicher oder weisen bestimmte sprachliche Mittel auf, um die Wirkung der Aussage zu verstärken. **je 1 Punkt**

a Eine Antwort ist richtig. Setze ein Kreuz.

Der in Abschnitt 6 genannte Begriff „Nerdfighters" (Z. 58 f.) beschreibt die Gemeinschaft der zahlreichen Abonnenten des Videoblogs der Green-Brüder näher. Diese ist bereits erwähnt worden in

A ☐ Abschnitt 1 (Z. 1–12) B ☐ Abschnitt 2 (Z. 13–21) C ☐ Abschnitt 4 (Z. 30–44).

☐ Punkt

b Eine Antwort ist richtig. Setze ein Kreuz.

Die Information zum Thema „Realistische Romane" (S. 87, Z. 65–90) nimmt Bezug auf ...

A ☐ ... die Absicht, die John Green mit seinen Erzählungen verfolgt.
B ☐ ... den Inhalt der Jugendbücher John Greens.
C ☐ ... die realen Lebensumstände Jugendlicher.

☐ Punkt

c Zwei Antworten sind richtig. Setze zwei Kreuze. **2 Punkte**

In Zeile 46 steht der Begriff „Nerd“ in Anführungszeichen.

A ☐ Damit hebt der Autor diesen besonderen Ausdruck als erklärungsbedürftig hervor.

B ☐ Damit weist der Autor darauf hin, dass er aus einem Lexikonartikel zitiert.

C ☐ Damit distanziert sich der Autor von dem in der Alltagssprache unüblichen Begriff.

D ☐ Damit möchte der Autor auf seine Wortneuschöpfung hinweisen.

E ☐ Damit weist der Autor darauf hin, dass dieser Begriff einen fremdsprachlichen Ursprung hat.

☐ Punkte

5 Die Grafiken unten zeigen Ergebnisse einer Umfrage zur Mediennutzung unter allen Acht- und Neuntklässlern eines Gymnasiums.
Kreuze für jede der folgenden Aussagen an, ob sie richtig oder falsch ist. **6 Punkte**

		richtig	falsch
A	Jungen lesen Historisches ungefähr so gern wie Abenteuergeschichten.	☐	☐
B	Fantasy-Romane kommen insgesamt schlecht weg.	☐	☐
C	Mädchen mögen lustige Jugendromane fast genauso gern wie Fantasy-Romane.	☐	☐
D	Mädchen lesen regelmäßiger lustige Romane als Jungen.	☐	☐
E	Jungen lesen lieber Alltagsgeschichten als Abenteuerromane.	☐	☐
F	Es gibt keinen Videokanal, den Mädchen und Jungen gleichermaßen bevorzugen.	☐	☐

Welches Romangenre lest ihr am liebsten?

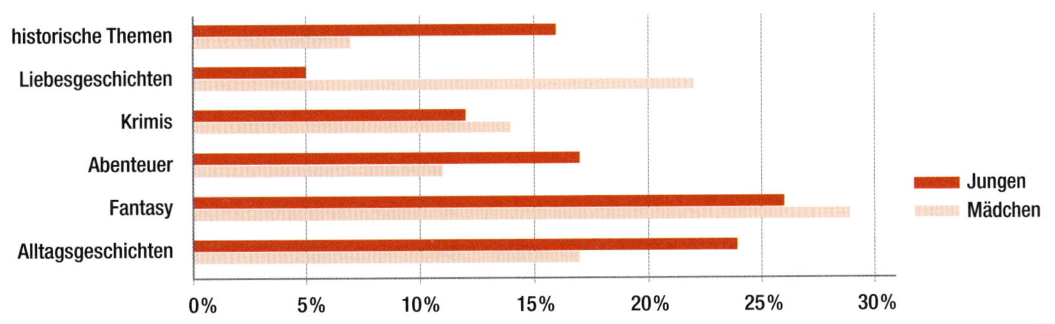

Welche Art von Jugendromanen gefällt euch am besten?

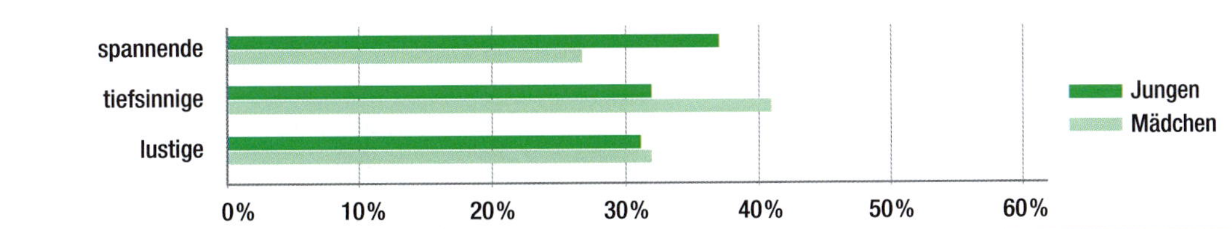

Welche Videokanäle – außer Musik – seht ihr am häufigsten?

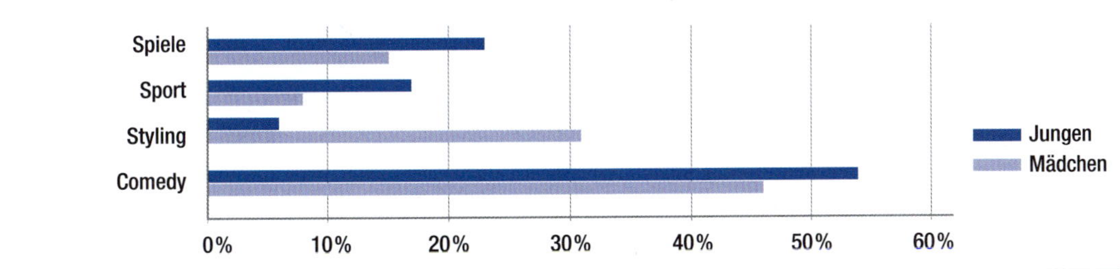

☐ Punkte

6 Lies den Beginn des Romans „Eine wie Alaska“ und löse die Aufgaben auf den nächsten Seiten.

John Green

Einhundertsechsunddreißig Tage vorher (2005)

Eine Woche bevor ich Florida verließ, um den Rest meiner Jugend in einem Internat in Alabama zu verbringen, ließ sich meine Mutter nicht davon abbringen, eine Abschiedsparty für mich zu geben. Von gedämpften Erwartungen meinerseits zu sprechen, wäre heillos übertrieben. Zwar hatte sie mich mehr oder weniger gezwungen, alle meine „Schulfreunde“ einzuladen, also den traurigen Haufen von Theatergruppenleuten und Englischstrebern, mit denen ich notgedrungen in der muffigen Highschool-Cafeteria am Tisch saß, doch ich wusste, dass keiner von ihnen kommen würde. Meine Mutter aber ließ nicht locker, so sehr klammerte sie sich an die Wunschvorstellung, ich hätte meine wahre Beliebtheit all die Jahre vor ihr geheim gehalten. Sie machte eine Riesenschüssel Artischocken-Dip, schmückte das Wohnzimmer mit grünen und gelben Girlanden, den Farben meiner neuen Schule, und kaufte zwei Dutzend Tischbomben, die sie auf dem Couchtisch arrangierte.

Und als jener letzte Freitag kam und ich fast mit Packen fertig war, saß sie ab 16:56 Uhr mit Dad und mir auf der Wohnzimmercouch, um den Ansturm des Abschiedskomitees zu erwarten. Das Komitee bestand aus zwei Personen: Marie Larson, einer schmächtigen Blondine mit rechteckiger Brille, und ihrem (nett gesagt) kräftigen Freund Will.

„Hallo, Miles“, sagte Marie und setzte sich.

„Hallo“, sagte ich.

„Wie waren die Sommerferien?“, fragte Will.

„Ganz okay. Und bei euch?“, sagte ich.

„Toll. Wir haben bei Jesus Christ Superstar gejobbt. Ich hab Bühnenbild gemacht. Marie Beleuchtung.“

„Cool.“ Ich nickte wissend und damit waren unsere gemeinsamen Themen abgehakt. Ich hätte mir wohl eine Frage zu Jesus Christ Superstar ausdenken können, aber erstens hatte ich keine Ahnung, worum es ging, weil es mich, zweitens, nicht interessierte, und drittens war ich noch nie gut in Smalltalk gewesen. Im Gegensatz zu meiner Mutter, die stundenlang über nichts reden kann. Sie schaffte es, die peinliche Angelegenheit unnötig in die Länge zu ziehen, indem sie sich nach Maries und Wills Probenplan erkundigte, nach dem Ablauf der Show und ob sie ein Erfolg gewesen sei.

„Schätze schon“, sagte Marie. „War ganz schön voll, schätze ich.“ Marie gehörte zu den Leuten, die ständig schätzten.

Schließlich sagte Will: „Also, wir wollten nur schnell Tschüss sagen. Ich muss Marie bis sechs nach Hause bringen. Viel Spaß im Internat, Miles.“

„Danke“, antwortete ich erleichtert.

Das Einzige, was schlimmer ist als eine Party, zu der keiner kommt, ist eine Party, zu der keiner kommt außer zwei durch und durch uninteressante Menschen.

Als sie weg waren, saß ich mit meinen Eltern auf der Couch und starrte auf den schwarzen Fernsehbildschirm. Ich hätte den Kasten am liebsten angeschaltet, doch ich wusste, ich ließ es besser bleiben. Meine Eltern sahen mich an, als erwarteten sie, dass ich gleich losheulen würde oder so was – als hätte ich nicht von vorneherein gewusst, dass es genau so werden würde. Aber ich hatte es gewusst. Ich konnte ihr Mitleid spüren, als sie ihre Chips in den Artischocken-Dip dippten, der für meine imaginären Freunde gedacht war, dabei hatten sie das Mitleid viel nötiger als ich: Ich war nicht enttäuscht. Meine Erwartungen hatten sich erfüllt.

„Ist das der Grund, warum du uns verlassen willst, Miles?“, fragte Mom.

Ich dachte nach, ohne sie anzusehen. „Äh, nein“, sagte ich schließlich.

„Weshalb denn dann?“, fragte sie. Die Frage stellte sie nicht zum ersten Mal. Mom war nicht begeistert von der Idee, dass ich aufs Internat wollte, und daraus machte sie auch kein Geheimnis.

„Ist es meinetwegen?“, fragte Dad. Er war selbst in Culver Creek gewesen, dem Internat, das ich besuchen würde, genau wie seine beiden Brüder und deren Kinder. Ich glaube, ihm gefiel die Vorstellung, dass ich in seine Fußstapfen trat. Meine Onkel hatten mir von seinem Ruf erzählt – anscheinend hatte

er sich zu seiner Zeit in Culver Creek nicht nur als guter Schüler, sondern auch als wilder Kerl hervorgetan. Das klang auf jeden Fall besser als das Leben, das ich in Florida führte. Doch nein, ich wollte nicht wegen meines Vaters weg. Nicht unbedingt.

„Bin gleich wieder da“, sagte ich, dann ging ich rüber ins Arbeitszimmer meines Vaters und holte die dicke Biografie von Rabelais[1]. Ich las gerne die Biografien von Schriftstellern, selbst wenn ich nie ein Buch von ihnen gelesen hatte (wie im Fall von Rabelais). Der Satz, den ich suchte, stand am Ende des Buchs, ich hatte ihn mit Textmarker unterstrichen. („Kein Textmarker in meinen Büchern“, hatte Dad tausendmal gesagt. Aber wie sollte ich sonst je was wiederfinden?)

„Also, dieser Typ hier“, sagte ich, als ich mit dem Buch in der Hand in der Wohnzimmertür stand, „François Rabelais. Er war Dichter. Und seine letzten Worte waren: ‚Nun mache ich mich auf die Suche nach dem großen Vielleicht.‘ Deswegen möchte ich weg. Ich will nicht warten, bis ich tot bin, mit meiner Suche nach dem großen Vielleicht.“

1 Rabelais: François Rabelais, ca. 1494–1553, frz. Autor der Renaissance

Und das tröstete sie. Ich war dem großen Vielleicht auf der Spur, und meine Eltern wussten so gut wie ich, dass ich es bei Leuten wie Marie und Will nicht finden würde. Und dann setzte ich mich wieder zu Mom und Dad auf die Couch und mein Dad legte den Arm um mich, und so blieben wir eine ganze Weile sitzen, still und ganz nah beieinander, bis ich das Gefühl hatte, es wäre okay, den Fernseher anzumachen, und dann aßen wir Artischocken-Dip zu Abend und sahen uns einen Dokumentarfilm an. Was Abschiedspartys angeht, hätte es mit Sicherheit noch viel schlimmer laufen können.

7 Kreuze den Formulierungsvorschlag an, der den Inhalt des Textauszugs am genauesten erfasst. **1 Punkt**

A ☐ Der Auszug handelt von dem schwierigen Verhältnis zwischen Miles und seinen Eltern.

B ☐ Der Auszug handelt von der Abschiedsparty für Miles.

C ☐ Der Auszug handelt von Miles’ selbst gewähltem Abschied von Zuhause.

D ☐ Der Auszug handelt von Miles’ Wechsel an ein Internat in Alabama.

☐ Punkt

8 Eine der folgenden Aussagen verdeutlicht den Textzusammenhang richtig. Setze ein Kreuz. **1 Punkt**

A ☐ Der Ich-Erzähler interessiert sich nicht für Menschen und findet keine Freunde.

B ☐ Der Ich-Erzähler nimmt sich ungern Zeit für Gespräche und möchte lieber lesen.

C ☐ Der Ich-Erzähler mag keine belanglosen Gespräche und sucht nach mehr Sinn in seinem Leben.

D ☐ Der Ich-Erzähler bewundert die Gesprächsfähigkeit seiner Mutter.

☐ Punkt

9 Begründe in einem Satz, weshalb Miles’ Eltern nach der Party Mitleid mit ihrem Sohn haben. **1 Punkt**

☐ Punkt

10 Kreuze an, welcher der folgenden Vorschläge die jeweilige Bedeutung des Zitats richtig erfasst.

a „Von gedämpften Erwartungen meinerseits zu sprechen, wäre heillos übertrieben.“ (► S. 90, Z. 4–6) bedeutet: **1 Punkt**

A ☐ Die Erwartungen sind äußerst gering. B ☐ Erwartungen zu haben ist nutzlos.

C ☐ Die Erwartungen sind übertrieben hoch. D ☐ Die Erwartungen sind normal. ☐ Punkt

b Die „Suche nach dem großen Vielleicht“ (► S. 91, Z. 102 f.) bedeutet ... **1 Punkt**

A ☐ die Suche nach einer neuen Schule. B ☐ die Suche nach Geborgenheit.

C ☐ die Suche nach neuen Möglichkeiten. D ☐ die Suche nach echten Freunden. ☐ Punkt

Kompetenzbereich II: Ausdrucksvermögen

11 Finde in den folgenden beiden Sätzen drei Fehler.
Verbessere diese in den Zeilen darunter. Der Sinn des Textes darf dabei nicht verändert werden. **3 Punkte**

Der Ich-Autor schätzt seine Gäste langweilig.

Der Ich-~~Autor~~ Erzähler findet seine Gäste langweilig

Deshalb sieht er auf sie herab, man könnte auch sagen, er ist ihnen überdrüssig.

Deshalb sicht ihrer

______________________ ☐ Punkte

12 Im letzten Satz äußert sich der Ich-Erzähler zu Abschiedspartys. Erkläre mit eigenen Worten: Wie sähe es aus seiner Sicht aus, wenn es „noch viel schlimmer“ gelaufen wäre? **1 Punkt**

____

______________________ ☐ Punkt

13 Ersetze die sechs unterstrichenen Ausdrücke durch solche, die im Zusammenhang bedeutungsgleich sind, und füge diese in die Klammern ein. Verwende keine Umgangssprache. **6 Punkte**

In einer Gesprächsrunde (Diskussion) über den Stil, in dem „Eine wie Alaska“ geschrieben (verfasst) ist, äußern sich zwei Schüler.

Nora: „Der Erzähler erzählt (~~erklärt~~ schildert) selbst traurige (deprimierende) Situationen mit bissigem Witz.“

Max fügt hinzu (ergänzte): „Der Roman ist in einem eher kalten, nüchternen (~~leichten~~ sachlich) Ton verfasst.“ ☐ Punkte

Kompetenzbereich III: Formale Sprachbeherrschung

14 Der Text über die Schriftstellerin Stephenie Meyer enthält 10 sprachliche Fehler. Verbessere diese in der Zeile daneben. Der Sinn des Textes darf dabei nicht verändert werden. **10 Punkte**

Der amerikanische Autor Stephenie Meyer wurde am 24. Dezember 1973 geboren. Wenn sie vier Jahre alt war, zog sie mit ihrer Familie nach Phoenix im amerikanischen Bundesstaat Arizona. Sie sagt, ihr gefiel es dort so gut, da sie bis heute noch dort lebt. Nach der Highschool studierte sie an einer Universität in einem Bundesstaat Utah, der religiös ausgerichtet ist. Meyer ist Mitglied der Mormonen-Kirche, und dass hat damit laut eigener Aussage Einfluss auf ihr Leben und Schreiben.

Die Schriftstellerin ist seit 1994 mit ihrem Jugendfreund Christian verheiratet, mit wem sie drei Söhne hat. Meyer wurde durch ihre „Bis(s)“-Jugendbuchreihe über Bella Swan und Edward Cullen bekannt, bei denen sich im ersten Band eine Liebesgeschichte entwickelt. Die Autorin erzählt in Interviews, sie wählte den Namen Bella für ihre Heldin, weswegen sie ihre Tochter immer so nennen wollte. Der Roman wurde schnell ein internationaler Bestseller, da er am 5. Oktober 2005 erschienen war.

Punkte

15 Forme die folgenden Hauptsätze in Satzgefüge um. Es müssen alle Informationen enthalten bleiben. **2 Punkte**

A Bella wuchs in Phoenix auf. Bella zieht in die Kleinstadt Forks.

Bella wuchs in Phoenix auf, zog in die Kleinstadt Forks

B In Forks geschieht meist nicht sehr viel. In Forks ist das Leben recht langweilig.

In Forks ist das Leben recht langweilig da meisten nicht viel passiert

Punkte

16 Benenne in den folgenden Sätzen die unterstrichenen Satzglieder bzw. Attribute. **7 Punkte**

A Die <u>verschlafene</u> Kleinstadt Forks erlangt im Lauf der Erzählung für Bella einen <u>besonderen</u> Zauber, da sie dort Edward begegnet. Attribut

B Bella <u>denkt</u> viel über Edward <u>nach</u> und <u>fragt</u> <u>sich</u> beispielsweise, weshalb er in einem Ort ohne Sonne lebt.
Prädikat

C Sie wird <u>den Grund</u> bald erfahren, Edward ist nämlich ein Vampir. Akkusativobjekt

D <u>Der Vampir Edward</u> interessiert sich für Bella und will ihr Blut trinken. Subjekt

E Bella ist <u>dem Vampir Edward</u> verfallen und kann deshalb nicht mehr fliehen. Dativobjekt

F <u>Wegen ihrer Zuneigung zu Edward</u> will Bella schließlich gar nicht mehr aus Forks weg.
Modusaladverbiale

G <u>Am Ende</u> findet Bella ihre Stadt nicht mehr langweilig, die Ereignisse sind so aufregend, dass sie es gar nicht fassen kann. Temporaladverbiale

Punkte

17 Forme die beiden Sätze ins Passiv um, um den Vorgang bzw. die Handlung zu betonen. **2 Punkte**

A Der Vampir rettet Bella aus gefährlichen Situationen.

B Bella war froh, dass ihr Edward geholfen hat.

Punkte

18 Setze den Konjunktiv II ein, um Edwards Wünsche zu betonen. **3 Punkte**

A Ich läste [lesen] zu gern ihre Gedanken.

B Am liebsten ginge [gehen] ich ihr aus dem Weg.

C Ich wünsche mir, meine Familie nähme [nehmen] Bella freundlich auf.

Punkte

Kompetenzbereich IV: Zeichensetzung und Rechtschreibung

19 Der Filmclub des Goethe-Gymnasiums startet einen Videoblog mit „Filmgesprächen". Der erste Entwurf enthält noch sieben Rechtschreibfehler. Finde sie und verbessere sie in der Zeile daneben. **7 Punkte**

Stellt eure Lieblings-Vampirfilme vor!

Fans von „Twilight", aufgepasst: Ihr seid gutbewandert im Genre ______

Vampierfilm? Dann macht schnellst möglich bei uns mit! ______

Der Filmclub will im Internet etwas großes starten – einen eigenen ______

Videokanal. In jeder Folge unterhalten wir uns über einen Film ______

aus der Gruselkiste. Mit dem Klassiker „Nosferatu – Eine Symphonie ______

des Grauens" aus dem Jahr 1922 macht Emma Richter aus der 8 a ______

den Anfang. Es folgen Meilensteine der blut rünstigen Film- ______

geschichte, jedoch in loser Folge. Wer Interese hat und zudem ______

gut im freien sprechen ist, meldet sich bitte bald. ______ ☐ Punkte

20 Ergänze im folgenden Text die zehn fehlenden Satzzeichen, die unbedingt gesetzt werden müssen. **10 Punkte**

Max Schreck als Vampir in Friedrich W. Murnaus „Nosferatu" (1922)

Der Stummfilm „Nosferatu – Eine Symphonie des Grauens" von Friedrich Wilhelm Murnau erzählt die Geschichte des Grafen Orlok eines Vampirs aus den Karpaten der sich in die schöne Ellen verliebt und ihre Heimatstadt Wisborg in ungeheure Angst und enormen Schrecken versetzt. Der Film gilt als einer der ersten Horrorfilme und seine dämonische Hauptfigur hat viele Nachfolger in späteren Vampirfilmen gefunden. Wie jeder weiß sind Horrorfilme nicht für jeden geeignet.

Es gibt Eltern die Angst haben dass ihre Kinder zu früh mit bedenklichen Inhalten konfrontiert werden würden wohingegen die junge Generation diese Vorbehalte oft nicht verstehen kann. Auch von diesen Konflikten ist im Videoblog „Filmgespräche" des Filmclubs des Goethe-Gymnasiums die Rede. Einige Schülerinnen und Schüler berichten dort dass sich die Bedenken der Eltern zunächst auch wer hätte das gedacht gegen die „Twilight"-Verfilmungen gerichtet hätten was man beim Erfolg der Filme gar nicht vermutet. ☐ Punkte

21 a Vergleiche deine Ergebnisse zu den Aufgaben 1 bis 20 (▶ S. 87–95) mit dem Lösungsheft (▶ S. 30–32).
b Zähle deine Punkte zusammen und beachte den Bewertungsschlüssel im Lösungsheft auf Seite 32. Wo hast du nur wenige Punkte erreicht? Bearbeite diese Aufgaben erneut oder lass dir von deiner Lehrkraft weiterhelfen.

Autoren- und Quellenverzeichnis

S. 4, 8: Liedtke, Walter: Ist Zivilcourage Glückssache? Aus: www.polizei-dein-partner.de [5. 2. 2014] © pressto GmbH, Corneliusstr 15, 50678 Köln. **S. 6:** Kriminologe Prof. Dr. Hans-Dieter Schwind zur „Gaffermentalität". Aus: RUBIN 2/96 (Studentenzeitung der Ruhr-Universität Bochum). www.ruhr-uni-bochum.de/rubens/rubens21/7.htm [5. 2. 2014]. **S. 9 f.:** Linde, Dani: Spiegel-Kind. Aus: dani-linde.utafuchs. info/dani/kurzgeschichten/spiegel.shtml [26. 03. 2019]. **S. 21 f.:** Eder, Sebastian: Der verflixte Münchner halbe Meter. Aus: FAZ.NET, 23. 07. 2013 [30. 01. 2020]. **S. 24 f.:** Jason Polan will alle Einwohner New Yorks zeichnen. Aus: www.welt.de/vermischtes/kurioses/article12844084/Jason-Palon-will-alle-Einwohner-New-Yorks-zeichnen.html [28. 03. 2019]. **S. 29 f. u. 32 f.:** Funke, Cornelia: Reckless. Steiner-nes Fleisch. Cecilie Dressler Verlag, Hamburg 2010, S. 92–96. **S. 34:** Morgenstern, Christian: Berlin. Aus: Werke und Briefe. 9 Bd. Hg. unter der Leitung von Reinhard Habel. Bd. 1: Lyrik 1887–1905. Hg. von Martin Kießig. Urachhaus, Stuttgart 1988, S. 459. **S. 90 f.:** Green, John: Einhundertsechsundreißig Tage vorher. Aus: Eine wie Alaska. Übersetzt von Sophie Zeitz. Deutscher Taschenbuch Verlag (Reihe Hanser), München 2009, S. 7–10.

Bildquellenverzeichnis

S. 6: Picture-Alliance/dieKLEINERT.de/Martin Guhl; **S. 19 (Foto):** stock.adobe.com/Michael Eichhammer; **S. 20:** adobe.com/Thomas; **S. 21:** stock.adobe.com/WoGi; **S. 22:** stock.adobe.com/Stadtblick Stuttgart; **S. 25, 53, 73:** Picture-Alliance/dpa; **S. 27:** stock.adobe.com/f11photo; **S. 40:** stock.adobe.com/Andreas P; **S. 41:** stock.adobe.com/georgejmclittle; **S. 42:** stock.adobe.com/jamenpercy; **S. 43:** stock.adobe.com/@nt; **S. 44 Mitte:** stock.adobe.com/inurbanspace; **S. 46:** stock.adobe.com/Peter Maszlen; **S. 47:** stock.adobe.com/waidmannsheil; **S. 64:** Picture-Alliance/WILDLIFE; **S. 66:** Shutterstock.com/Stephan Hockenmaier; **S. 68:** Picture-Alliance/photoshot; **S. 70:** akg-images/TT News Agency/SVT; **S. 77:** akgimages/ Yvan Travert; **S. 80:** Imago Stock & People GmbH/Rupert Oberhäuser; **S. 81:** stock.adobe.com/fotofabrika; **S. 84 oben:** stock.adobe.com/ChristianSchwier; **S. 86:** Imago Stock & People GmbH/ZUMA Press; **S. 88 links:** stock.adobe.com/Christine, **Mitte:** stock.adobe.com/creative studio, **rechts:** stock.adobe.com/Evgenia Tiplyashina; **S. 95:** Bridgeman Images/Nosferatu le vampire de F. W. Murnau avec Max Schreck 1922 d'apres le roman de Bram Stoker

Impressum

Teile einiger Kapitel wurden erarbeitet von:
Cordula Grunow, Angela Mielke, Deborah Mohr, Vera Potthast, Irmgard Schick, Sandra Simberger und Andrea Wagener

Redaktion: Thorsten Feldbusch, Juliane Paar
Coverfoto: Thomas Schulz, Teupitz

Illustrationen:
Uta Bettzieche, Leipzig: S. 24, 49–52, 54–62, 83, 84 Mitte + unten
Nils Fliegner, Hamburg: S. 37–39, 43 o., 44 u., 45, 48, 69, 71, 72, 74
Timo Grubing, Bochum: S. 29–33
Peter Menne, Potsdam: S. 17, 18, 63, 65, 67, 75, 76, 78, 79
Christoph Mett, Münster: S. 8
Sulu Trüstedt, Berlin: S. 9–13, 19, 34, 36, 90–94

Umschlaggestaltung und Layoutkonzept: werkstatt für gebrauchsgrafik, Berlin
Layout und technische Umsetzung: lernsatz.de

www.cornelsen.de

Druck: ppm Fulda GmbH & Co. KG, Fulda

Ausgabe ohne interaktive Übungen
1. Auflage, 5. Druck 2024
ISBN 978-3-06-062785-1

Ausgabe mit interaktiven Übungen
1. Auflage, 1. Druck 2020
ISBN 978-3-06-062791-2

Weitere Bestandteile des Lehrwerks
- Schülerbuch 8 (978-3-06-062779-0)
- E-Book zum Schülerbuch 8 (978-3-06-061722-7)
- Servicepaket 8 (978-3-06-062797-4)
- Servicepaket 8 auf USB-Stick mit Unterrichtsmanager (978-3-06-200172-7)
- Schulaufgabentrainer 8 (978-3-06-200227-4)
- interaktive Übungen 8 (978-3-06-205275-0)
- interaktive Übungen 8 Schullizenz (978-3-06-200201-4)

PEFC-zertifiziert
Dieses Produkt stammt aus nachhaltig bewirtschafteten Wäldern, Recycling und kontrollierten Quellen
PEFC/04-31-1308 www.pefc.de

Gymnasium Bayern

Deutschbuch

Arbeitsheft 8

Lösungen

Cornelsen

Informieren

Materialgestützt informieren – Thema „Zivilcourage"

Seite 4

1 b „Bystander" bedeutet auf Deutsch „Zuschauer". Der „Bystander-Effekt" beschreibt, dass Hilfeleistung desto sicherer nicht erfolgt, je mehr Menschen einen Notfall wahrnehmen.

Seite 5

2 a Die US-amerikanischen Sozialforscher Bibb Latané und John Darley haben untersucht, wie lange es dauert, bis einzelne Personen bzw. Personengruppen eingreifen, wenn jemand in Not ist.

b **Mögliche Erklärungen:**
Blaue Linie: Von den Teilnehmern, die glaubten, sie seien die einzigen Zeugen, griffen ca. 80 Prozent innerhalb der ersten 60 Sekunden ein. Nach knapp 180 Sekunden hatte auch der letzte Teilnehmer eingegriffen. Rote Linie: Glaubten die Versuchsteilnehmer, es gebe einen weiteren Zeugen, hatten bei Verklingen des Tons nur etwa 63 Prozent reagiert. 20 Prozent der Zeugen griffen erst danach ein, die übrigen Teilnehmer – um die 17 Prozent – reagierten gar nicht. Schwarze Linie: Von den Teilnehmern, die glaubten, es gebe noch vier andere Zeugen, reagierten gerade einmal 30 Prozent sofort, etwa 30 Prozent erst nach Abbrechen des Tons. Knapp 40 Prozent der Zeugen taten gar nichts.

c Mögliche Auswertung: Das Diagramm zeigt, dass Wahrscheinlichkeit und Geschwindigkeit einer Hilfeleistung mit der Größe der Zuschauergruppe sinken, was den „Bystander-Effekt" beweist.

3 **Mögliche Wiedergabe des Themas:**
In dem Text „Wann helfen Menschen anderen in Notsituationen" geht es um Bedingungen, die erfüllt sein müssen, damit in Notfällen Hilfe geleistet wird.

Seite 6

4 **Mögliche Erklärung der fünf Bedingungen mit Beispiel:**
Ein Jugendlicher sitzt im vollbesetzten Bus. Ein Mädchen wird von einigen Jungen angepöbelt und reagiert hilflos, weil es allein gegen mehrere ist. Bedingung 1 ist es, diese Notsituation überhaupt zu bemerken. Der Jugendliche, nennen wir ihn Maik, hört vielleicht gar nicht, dass einige Bänke weiter das Mädchen angepöbelt wird, da er z. B. durch Musik abgelenkt ist. Nimmt Maik den Streit dann doch wahr, wird er nur eingreifen, wenn er darin einen Notfall erkennt. Dies herauszufinden, ist Bedingung 2, denn wenn die anderen Mitreisenden nicht auf den Streit reagieren, interpretiert Maik seine eigene Wahrnehmung als falsch. Gemäß Bedingung 3 muss sich Maik verantwortlich fühlen. Sind viele andere Menschen im Bus, wird er vielleicht denken, dass doch lieber diese eingreifen sollen. Möglicherweise erkennt Maik aber auch die Notsituation des Mädchens, weiß aber nicht, wie er helfen kann (Bedingung 4). Schließlich, und das ist Bedingung 5, darf er sich nicht von seiner Angst vor den Folgen des Eingreifens davon abhalten lassen.

5 **Mögliche Begründung:** Die Wahrscheinlichkeit der Hilfeleistung kann sich bei Bedingung 2 („Das scheint kein Notfall zu sein, weil kein anderer eingreift."), Bedingung 3 („Es sind genug andere da, die helfen können.") und Bedingung 5 („Ich will keinen Schaden nehmen, sollen doch die anderen helfen.") verringern.

6 Verstärkte Auseinandersetzung mit der Problematik im Schulunterricht (Z. 17–19), Medien könnten mehr als bisher aufklärend wirken (Z. 19–20), gemeinsame Aktionen der „Bystander" sind erfahrungsgemäß zu erreichen, wenn man einzelne Personen konkret anspricht und um Mithilfe bittet (Z. 23–26).

Seite 7

7 a **Mögliche weitere Fragen für die Mind-Map:** Wie wurde der „Bystander-Effekt" nachgewiesen? – Warum kommt es zum „Bystander-Effekt"? – Wie kann man dem „Bystander-Effekt" entgegenwirken? – Welche Folgen hat eine unterlassene Hilfeleistung?

b **Mögliche Lösung:**
Was ist der „Bystander-Effekt"? – Der „Bystander-Effekt" beschreibt, dass Hilfeleistung desto sicherer nicht erfolgt, je mehr Menschen einen Notfall wahrnehmen.
Wie wurde der „Bystander-Effekt" nachgewiesen? – Die US-amerikanischen Sozialforscher Bibb Latané und John Darley haben untersucht, wie lange es dauert, bis einzelne Personen bzw. Personengruppen eingreifen, wenn jemand in Not ist.
Warum kommt es zum „Bystander-Effekt"? – Darley und Lantané formulierten fünf Bedingungen, die Menschen in Notsituationen durchlaufen, ehe sie helfen. Wird eine der Bedingungen von den beistehenden Personen, die die Notsituation beobachten, negativ bewertet, kann es nicht zur erforderlichen Hilfeleistung kommen.
Wie kann man dem „Bystander-Effekt" entgegenwirken? – Man kann sich verstärkt mit dieser Problematik im Schulunterricht auseinandersetzen. Auch die Medien könnten verstärkt über diesen Effekt aufklären. Zudem lässt sich etwas ändern, wenn man einzelne Beistehende direkt anspricht und um Mithilfe bittet.

8 a, b **Mögliche Begründung:** Struktur **B** ist geeignet, weil man erst einmal das Problem des „Bystander-Effekts" beschreiben muss, damit die Leser verstehen, worum es geht. Dann kann man seine Ursachen erklären und eine Lösung vorschlagen.

9 b **Mögliche Stichworte für die Gliederung des Hauptteils:**

Problem unterlassene Hilfeleistung wg. „Bystander-Effekt", 1968 Experiment von Bibb Latané / John Darley
Ursachen vor Hilfeleistung = max. fünf Hürden, stärkste Hürde = Gruppenverhalten
Lösungen allgemein: Schule + Medien → Information über geeignete Verhaltensweisen, konkret: in Notsituationen andere Personen gezielt ansprechen und Unterstützung sicherstellen

Seite 8

10 a, b **Zwei Möglichkeiten sind sinnvoll:** Satz **A** / Satz **D** ist geeignet, die Neugier meiner Leser zu wecken, weil er sich auf die persönlichen Erfahrungen der Mitschüler/-innen bezieht und sie so direkt anspricht.

11 a **Mögliche Zusammenfassung des Themas mit eigenen Worten:** Ob Menschen in einem Notfall eingreifen, hängt davon ab, wie viele Zeugen den Vorfall beobachten. Je mehr es sind, desto geringer ist die Wahrscheinlichkeit, dass geholfen wird. Man nennt dieses Verhalten „Bystander-Effekt".

b **Mögliche Begründung:** Meiner Meinung nach weckt diese Einleitung nicht das Interesse der Leser, weil der Text unpersönlich und stilistisch kompliziert formuliert ist.

12 a *Wenn* man weiß, dass [...], *dann* kann man sich in Notfällen anders verhalten: Man [...] trauen, *aber* man darf sich keinesfalls allein in eine kritische Situation begeben. [...] holen, *indem* man zum Beispiel [...].

b **Möglicher Schlusssatz:** Wer allein ist, sollte sich selbst schützen und in ernsten Fällen lieber unter der Notrufnummer 110 die Polizei anrufen. Aber man sollte anrufen!

13 a, b **Möglicher Informationstext:**

Im Notfall helfen – den Bystander-Effekt überlisten

(Einleitung) Auf dem Schulhof gibt es immer wieder Handgreiflichkeiten, bei denen dem Angegriffenen nicht geholfen wurde, obwohl mehrere andere Schülerinnen oder Schüler die Situation mitbekommen haben. Warum ist das so? Und würde man sich selbst anders verhalten? Psychologen sind diesen Fragen nachgegangen und haben den „Bystander-Effekt" entdeckt. *(Hauptteil)* „Bystander" bedeutet auf Deutsch „Zuschauer". Der „Bystander-Effekt" beschreibt, dass Hilfeleistung desto sicherer nicht erfolgt, je mehr Menschen einen Notfall wahrnehmen. Die US-amerikanischen Sozialforscher Bibb Latané und John Darley haben im Jahr 1968 untersucht, wie lange es dauert, bis einzelne Personen bzw. Personengruppen eingreifen, wenn jemand in Not ist. Dafür haben sie folgendes Experiment durchgeführt: Studenten wurden über eine Sprechanlage vermeintlich Zeugen eines Krampfanfalls eines Kommilitonen. Von den Teilnehmern, die glaubten, sie wären die einzigen Zeugen, griffen ca. 80 Prozent innerhalb der ersten 60 Sekunden ein. Nach knapp 180 Sekunden hatte auch der letzte Teilnehmer eingegriffen. Glaubten die Versuchsteilnehmer, es gäbe einen weiteren Zeugen, hatten bei Verklingen des Tons nur 63 % reagiert, 20 % der Zeugen griffen erst danach ein, die übrigen Teilnehmer – um die 17 % – griffen gar nicht ein. Von den Teilnehmern, die glaubten, es gäbe noch vier andere Zeugen, reagierten gerade einmal 30 % sofort, etwa 30 % erst nach Abbrechen des Tons. Knapp 40 % der Zeugen taten gar nichts. Das Experiment bewies, dass Wahrscheinlichkeit und Geschwindigkeit einer Hilfeleistung mit der Größe der Zuschauergruppe sinken. Offen blieb bei diesem Experiment, was Menschen davon abhält, in Notfällen Hilfe zu leisten. Bibb Latané und John Darley untersuchten auch die Ursachen des „Bystander-Effekts". Sie beschrieben fünf Bedingungen, die eine Hilfeleistung oft verhindern. Diese Bedingungen sollen anhand des folgenden Beispiels verdeutlicht werden. Bedingung 1 ist es, das Ereignis überhaupt zu bemerken. Wenn zum Beispiel ein Jugendlicher, nennen wir ihn Maik, im vollbesetzten Bus sitzt, hört er vielleicht gar nicht, dass einige Bänke weiter ein Mädchen von einigen Jungen angepöbelt wird, da er z. B. durch Musik abgelenkt ist. Nimmt Maik den Streit dann doch wahr, wird er nur eingreifen, wenn er darin eine Notlage erkennt. Dies herauszufinden, ist Bedingung 2, denn wenn die anderen Mitreisenden nicht auf den Streit reagieren, interpretiert Maik seine eigene Wahrnehmung als falsch. Gemäß Bedingung 3 muss sich Maik zuständig fühlen. Sind viele andere Menschen im Bus, wird er vielleicht denken, dass diese doch lieber eingreifen sollen. Möglicherweise erkennt Maik aber auch die Notsituation des Mädchens, weiß aber nicht, wie er damit umgehen soll, und macht lieber nichts (Bedingung 4). Schließlich, und das ist Bedingung 5, darf er sich nicht von seiner Angst vor den Folgen des Eingreifens davon abhalten lassen. Es könnte schließlich geschehen, dass die aggressiven Jungen Maik selbst angreifen, wenn er sich in den Konflikt einmischt.

Besonders hohe Hürden für das Eingreifen stellen Bedingung 2 („Das scheint kein Notfall zu sein, weil kein anderer eingreift."), Bedingung 3 („Es sind genug andere da, die helfen können.") und Bedingung 5 („Ich will keinen Schaden nehmen, sollen doch die anderen helfen.") dar. Bei diesen Bedingungen verringert sich die Wahrscheinlichkeit der Hilfeleistung allein deshalb, weil mehrere andere Menschen anwesend sind. Wie lässt sich der „Bystander-Effekt" nun überwinden? Der Kriminologe Prof. Dr. Hans-Peter Schwind erklärt, dass man dem „Bystander-Effekt" entgegenwirken könne, indem z. B. die Problematik in der Schule und in den Medien intensiver thematisiert werde. Zudem könne unterlassene Hilfeleistung strafrechtlich verfolgt werden. Allerdings müsse dafür auch eine vorsätzliche Verweigerung der Hilfe vorliegen sowie die Zumutbarkeit der Hilfe gegeben sein.

Uns hilft persönlich wohl eher dieser Rat: Die Erfahrungen der Vergangenheit lehren, dass man mit größerer Aussicht auf Erfolg in eine Notsituation eingreifen kann, indem man andere Personen direkt anspricht und sich Unterstützung holt.

(Schluss) Wenn man weiß, dass es den Bystander-Effekt gibt, dann kann man sich in Notfällen anders verhalten: Man sollte etwas mutiger der eigenen Wahrnehmung trauen, aber man darf keinesfalls allein handeln. Unterstützung kann man sich holen, indem man zum Beispiel jemanden anspricht und um Mithilfe bittet. Wer allein ist, sollte sich selbst schützen und in ernsten Fällen lieber unter der Notrufnummer 110 die Polizei anrufen. Aber man sollte anrufen!

14 Ist der Text klar gegliedert in *Einleitung, Hauptteil und Schluss?* Ist der Text *mit eigenen Worten* und *sachlich ohne persönliche Wertungen* formuliert? Wurde vorwiegend das *Präsens* verwendet und sind Äußerungen anderer Personen in der *indirekten Rede* wiedergegeben? Sind Zusammenhänge sprachlich durch *Satzverknüpfungen* deutlich gemacht?

Über den Inhalt einer kurzen Geschichte informieren – Dani Linde: „Spiegel-Kind“

Seite 9

1 **Möglicher Leseeindruck:** Die anfänglich geschilderte Situation der, wie sich nach einigem Lesen herausstellt, kindlichen Ich-Erzählerin der Kurzgeschichte „Spiegel-Kind“ von Dani Linde weckt mein Mitleid. Verwirrend wird es kurz, als sie berichtet, dass sie eigentlich Corinna heißt, aber von den Eltern Cordula genannt wird. Als sich aufklärt, warum die Eltern sie als Ersatz-Cordula behandeln, wirkt die Kurzgeschichte auf mich beklemmend und ich kann mich in die Traurigkeit der Ich-Erzählerin einfühlen.

Seite 10

2 **Mögliche Lösung:** Die Geschichte hat einen *geringen* Umfang und stellt eine *krisenhafte* Situation aus dem Alltag der *Hauptfigur dar,* nämlich *einen Ausschnitt aus ihrem Leben, der von besonderer Bedeutung ist, weil die Hauptfigur veranlasst wird, die Beziehung zwischen sich und ihren Eltern zu reflektieren.*
Die Geschichte beginnt *unmittelbar, d. h., die Leser werden schlagartig mit den Gedanken der Hauptfigur beim Beobachten der Mutter konfrontiert. Die Handlung verläuft zielstrebig bis zum Wendepunkt (Pointe), an dem sich die Hauptfigur wünscht, nicht mehr erkennbar zu sein. Dies mündet in einen offenen Schluss, der viele Deutungsmöglichkeiten zulässt, was mit der Hauptfigur geschieht bzw. geschehen wird. Der Stil der Kurzgeschichte ist umgangssprachlich mit einfachem Satzbau und wörtlicher Rede.*

Seite 11

3 a **Mögliche Darstellung:**

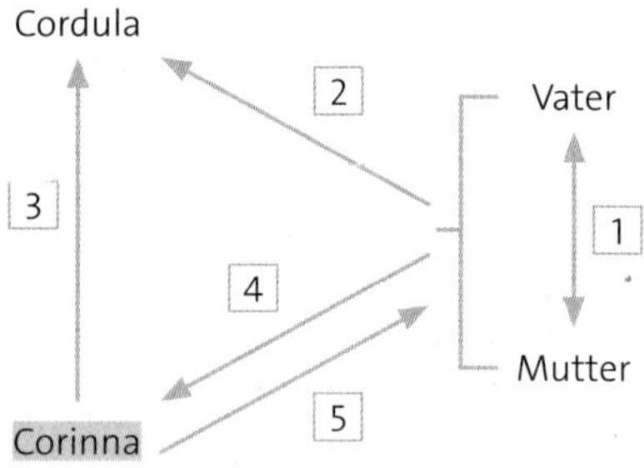

1 = Zweierbündnis
2 = haben Tod nicht verkraftet
3 = wird zu
4 = ignorieren Eigenständigkeit
5 = fügt sich

b **Mögliche Texthinweise:** „Corinna, Corinna, Cordula, Corinna“ (Z. 43–44). – „Corinna, Cordula“ (Z. 46). – „Rufen sie Cordula oder Corinna?“ (Z. 75)

c

Cordula	**Corinna**
Alter: wäre jetzt 19 (vgl. Z. 51–52)	Alter: bald 9 Jahre (vgl. Z. 50)
Aussehen: lange Haare, etwas lockig, werden im Sommer hell, glänzen (vgl. Z. 1–3, 12 f.), blaue Augen (vgl. Z. 39–40)	Aussehen: dünne, fransige, zottelige Haare (vgl. Z. 12, 68–69), große, dünne Figur (vgl. Z. 18), grüne Augen (vgl. Z. 38–39), „Knubbelnase“ (Z. 41)
Urteil des Vaters: „Sie wird immer meine kleine Prinzessin bleiben.“ (Z. 55)	Urteil des Vaters: „verwaschene“ (Z. 39) Augenfarbe (grün)
Verhältnis zur Mutter: Mutter hat Cordula oft Zöpfe geflochten (vgl. Z. 14–15)	Verhältnis zur Mutter: „Manchmal schaue ich zu, wenn sie sich frisiert, aber das mag sie nicht besonders.“ (Z. 9–10)
Bekleidung: schöne Kleider (vgl. Z. 15–16)	Bekleidung: Cordulas Kleider, die nicht passen und aus der Mode sind (vgl. Z. 16–18)
Geburtstag: Geschenk „Ballettschuhe“ (Z. 61)	Geburtstag: hat im Mai Geburtstag (vgl. Z. 47–48), „Geschenke und einen Kuchen gibt es immer an Cordulas Geburtstag.“ (Z. 48–50), Geschenk „Ballettschuhe“ (Z. 61), „Ich habe bis jetzt immer das bekommen, was sie auch Cordula zu ihrem Geburtstag geschenkt haben.“ (Z. 61–63)

Mögliche Rückschlüsse: Corinnas Situation ist ausweglos. Die Eltern haben Corinna ihrer Identität beraubt und zwingen ihr die Identität ihrer verstorbenen Schwester auf. Corinna ist sehr traurig und wünscht sich weg.

4 a **Mögliche Erläuterung:** Für Corinna bedeutet die Art des Schenkens, dass die Eltern sie nicht als eigene Person mit eigenen Wünschen wahrnehmen.

b Mit dem Titel „Spiegel-Kind“ wird verdeutlicht, dass die Eltern Corinna zu einer zweiten Cordula formen.

5 Am treffendsten ist die Formulierung **C.**

6 **Mögliche Einleitung:** Die Kurzgeschichte *„Spiegel-Kind"* von *Dani Linde* aus dem Jahr *2004* handelt von der bald neunjährigen *Corinna,* die ein Leben im *Schatten der verstorbenen Schwester führen muss. Corinna leidet sehr* unter dieser Situation, *weil sie von den Eltern nicht als eigenständige Person wahrgenommen wird.*

Seite 12

7 a **Mögliche Absatzzeichen nach folgenden Sätzen:** „Du machst mich ganz nervös", sagt sie. (Z. 11) – „Ist unser Geheimnis" (Z. 27). – „Corinna, Cordula (Z. 46). – „Was wird im nächsten Jahr sein?" (Z. 64 f.)

b **Mögliche Handlungsschritte:**

1. Handlungsschritt (Zeile 1–11): Beschreibung der Haare von Corinnas Mutter
Die Mutter hat lange, lockige Haare, die Corinna sehr bewundert.
2. Handlungsschritt (Zeile 12–27): Beschreibung/Vorstellung Corinnas
Corinna trägt sowohl die Kleider als auch den Namen ihrer verstorbenen Schwester.
3. Handlungsschritt (Zeile 28–46): Corinna in den Spiegeln I
Corinna betrachtet ihr Äußeres in den Badezimmerspiegeln und sieht abwechselnd Cordula und Corinna im Spiegel. Sie wünscht sich in ein fremdes Land, wo niemand sie kennt.
4. Handlungsschritt (Zeile 47–64): Geburtstagsgeschenke
Corinna erhält die gleichen Geschenke wie Cordula und fragt sich, was ab ihrem 10. Geburtstag geschehen wird.
5. Handlungsschritt (Zeile 65–77): Corinna in den Spiegeln II
Corinna weint, während sie sich in den Badezimmerspiegeln betrachtet.

8 a **Mögliche Adjektive:** übergangen, unglücklich, wertlos, ungeliebt, verzweifelt, minderwertig

b **unglücklich:** „Weggehen. In ein fremdes Land, wo niemand mich kennt." (Z. 45–46)
wertlos: „Auch wenn ich mir noch so viel Mühe gebe, ich glaube nicht, dass mir Frau Berner auch mal eine Solo-Rolle gibt." (Z. 21–23)
ungeliebt: „Morgen ist Cordulas Geburtstag. Ich hab eigentlich im Mai. Aber das feiern wir nicht." (Z. 47–48)
verzweifelt: „Eine Träne rollt über das Spiegelgesicht, zehn, hundert, tausend Tränen, ein Meer, in dem ich davonschwimme unter dem weiten Himmel." (Z. 71–74)
minderwertig: „Meine Augen sind grün. Ganz verwaschen, hat Vater mal gesagt. Nicht so blau wie die von Mutter und Cordula. Dazu die Knubbelnase." (Z. 38–41)

9 a **Zeitstrahl mit Jahresangaben:**

0	**9**	**10**	**19**
Cordulas Geburt	verstirbt mit 9 Jahren	Geburt Corinnas im Mai ein Jahr später	Corinnas 9. Geburtstag ≈ Cordulas 19. Geburtstag

b **weitere, mögliche Textstellen:** „Auch Cordulas Kleider sind sehr schön. Die trage ich jetzt." (Z. 15–16) – „Morgen ist Cordulas Geburtstag. Ich hab eigentlich im Mai. Aber das feiern wir nicht. Geschenke und einen Kuchen gibt es immer an Cordulas Geburtstag." (Z. 47–50) – „Ich habe bis jetzt immer das bekommen, was sie auch Cordula zu ihrem Geburtstag geschenkt haben." (Z. 61–63)

10 **Mögliche Erläuterung:** Die Eltern würden damit anerkennen, dass Corinna eine eigenständige Person ist und nicht eine zweite Cordula. Die Nennung des richtigen Vornamens könnte zur Befreiung der Eltern und Corinnas aus dieser unglücklichen Situation führen.

Seite 13

11 **Mögliche Verbesserungen:**

A *Zu Beginn der Kurzgeschichte* wird geschildert, wie Corinna die schönen Haare ihrer Mutter bewundert. Dabei stellt sie fest, dass ihre verstorbene Schwester Cordula der Mutter sehr ähnlich gesehen hat.
B Corinna *aber* empfindet sich selbst als nicht besonders hübsch.
C *Auch* in ihrem Umfeld wird sie nicht als eigenständige Person angesehen.
D *So* wissen Menschen außerhalb ihrer Familie *beispielsweise* nicht einmal, dass sie nicht Cordula, sondern Corinna heißt.
E *Weil* die Eltern den Tod ihrer ältesten Tochter nicht verkraftet haben, beachten sie Corinna kaum.
F Sie feiern nicht Corinnas, sondern Cordulas Geburtstag. *Daher* bekommt Corinna auch keine eigenen Geburtstagsgeschenke.
G *Da* Cordula kurz nach ihrem neunten Geburtstag starb, fragt sich Corinna *auf Grund der Tatsache, dass* sie nun ebenso alt ist, ängstlich, was die Zukunft bringen wird.
H *Nachdem* der Vater der Mutter einen Klappspiegel geschenkt hat, betrachtet sich Corinna darin.
I Obwohl sie sich ein eigenständiges Leben wünscht, ahnt sie aber, dass dies unmöglich ist, *weil* sie das „Ersatzkind" der Eltern ist.

Seite 14

12 a Der Vater sagte, sie werde immer seine kleine Prinzessin bleiben.
b Corinna erzählt, *dass* Frau Berner gar nicht weiß, dass Cordula nicht ihr richtiger Name ist.
Wie Corinna berichtet, weiß Frau Berner gar nicht, dass Cordula nicht ihr richtiger Name ist.
Corinna *zufolge* ist unklar, was im nächsten Jahr sein wird.

13 **Mögliche Zusammenfassung:**
Die Kurzgeschichte „Spiegel-Kind" von Dani Linde aus dem Jahr 2004 handelt von der fast neunjährigen Corinna, die ein Leben im Schatten der verstorbenen Schwester führen muss. Corinnas Eltern kommen nicht über den Tod der ersten Tochter, Cordula, die vor zehn Jahren gestorben ist, hinweg. Corinna leidet sehr unter dieser Situation, weil sie von den Eltern nicht als eigenständige Person wahrgenommen wird. Als sie ihre Mutter beim Frisieren im Badezimmer beobachtet, bemerkt sie wieder die Ähnlichkeit zwischen dieser und Cordula. Ihr eigenes Aussehen bewertet sie negativ. Sie beobachtet ihre Mutter bewundernd beim Frisieren, doch diese fühlt sich von ihrer Anwesenheit gestört. Auch von ihrem Vater erfährt sie nicht viel Zuwendung, betont er doch, dass Cordula immer seine kleine Prinzessin bleiben werde. So wird Corinna von ihren Eltern nur als Ersatz für Cordula gesehen: Sie trägt deren Kleider auf, obwohl sie nicht passen und schon aus der Mode gekommen sind. Menschen aus ihrer Umgebung, etwa die Ballettlehrerin, kennen sie als Cordula. Nicht ihr Geburtstag wird gefeiert, sondern der Cordulas – mit Geschenken, die diese damals bekam. Einen Tag vor deren neuntem Geburtstag fragt sich Corinna verunsichert, was im nächsten Jahr sein werde – wenn sie älter ist, als Cordula je wurde. Mit ihren Eltern kann sie darüber nicht reden, da diese nicht über Cordulas Tod sprechen. Im Badezimmer betrachtet sie sich genau im Spiegel. Ihr Bild wird durch einen weiteren Spiegel vervielfacht, so dass sie mit vielen Gesichtern konfrontiert ist. Sie weiß nicht mehr, ob ihr Cordula oder Corinna entgegenblickt. Verzweifelt wünscht sie sich an einen fernen Ort, wo sie keiner kennt. Als sie zu weinen beginnt, verschwimmt ihr Spiegelbild immer mehr und ihre Identität verschwindet zusehends. Corinna erkennt, dass sie für die Eltern immer nur das Ersatzkind bleiben wird, und sagt sich innerlich von ihnen los.

Argumentieren

Eine Stellungnahme überzeugend formulieren – Ein Schul-Internet-Führerschein, ja oder nein?

Seiten 15 und 16

1 **Standpunkt,** Behauptung, Begründungen, *Beispiele/Belege:*
Luna2000: Ich fände es klasse, wenn jeder einen solchen Schul-Internet-Führerschein machen müsste. Soweit ich gelesen habe, enthält er wie andere Führerscheine auch einen Theorie- und einen Praxisteil. Man erwirbt dafür auch Kenntnisse im Urheberrecht und in Sicherheitsmaßnahmen gegen Computerviren. Dann wüsste jeder endlich genau, was im Netz erlaubt ist und was nicht. *Niemand könnte sich mehr herausreden, wenn er Fotos von anderen unerlaubt online stellt.* Außerdem würde man etwas über Netiquette lernen, sodass die Leute höflicher miteinander umgehen würden. *Das ist z. B. für Chats wichtig.* Allerdings ...
Fred777: Eine Pflicht zum Schul-Internet-Führerschein halte ich für völlig übertrieben, weil das Internet ja nicht so gefährlich ist wie ein Auto. Wenn man nicht vernünftig surft, gefährdet man ja niemanden anderen. *Wenn ich etwa einen Virus auf meinem Computer habe, ist das nur mein Problem.* Da könnten wir unsere Unterrichtsstunden sinnvoller nutzen. Ich benötige doch keine Urkunde, um ins Netz zu gehen.
Xerx: Für mich wäre ein Schul-Internet-Führerschein sehr sinnvoll. *Zum Beispiel würde ich dann nicht mehr so viel Zeit mit sinnlosem Herumsurfen verschwenden.* Denn man müsste für den Führerschein lernen, wie man im Internet gezielt recherchiert. Außerdem wüsste man dann genau, welchen Websites und Informationen man vertrauen kann.
Sol99: *Der Medienforscher Prof. Perke rät von einem verpflichtenden Internet-Führerschein ab. Er hat herausgefunden, dass Kinder sehr motiviert sind, Medienkompetenz von sich aus zu erwerben.* Ein wichtiger Einwand gegen einen Schul-Internet-Führerschein ist also, dass er Jugendlichen den Spaß am selbstständigen Entdecken im Netz verderben könnte. **Meiner Meinung nach ist ein verpflichtender Führerschein deshalb nicht zu empfehlen.** Ich kann zwar verstehen, dass ...

2 a **Mögliche Formulierungen:** Sollte für die Schülerinnen und Schüler des Leopold-Gymnasiums gegen Ende der Unterstufe ein Schul-Internet-Führerschein eingeführt werden?
b **Mögliche Formulierungen:** Ich bin für/gegen einen Schul-Internet-Führerschein für alle Schülerinnen und Schüler gegen Ende der Unterstufe. – Ich bin der Auffassung, dass es einen/keinen Schul-Internet-Führerschein ... – Dass man einen Schul-Internet-Führerschein machen muss, lehne ich ab / befürworte ich.

3 a **Pro:** „viele Gefahren lauern dort"; „vertrauenswürdige Quellen zu erkennen"; „Wahrung von Persönlichkeitsrechten", „mögliche Suchtgefahr"; „Selbstdarstellung im Netz"; „Cybermobbing"
Kontra: „Vokabeln, Grammatik und mathematische Formeln [kommen] zu kurz"
b/c: Mind-Map, z. B.: **Vergleich Straßenverkehr:** Gefahr, Sicherheit – **Suchstrategien:** gezielte Recherche, vertrauenswürdige Quellen, Erkennen von Fake-News – **Verantwortung:** Wahrung von Persönlichkeitsrechten, Datenschutz, Respekt – **Urheberrecht:** Erlaubnis für Fotos, Videos, Musik – **Netiquette:** Regeln – **Sicherheit:** Virenschutz, Cybermobbing

4 **Mögliche Ideen für die Einleitung:** Vergleich mit Fahren ohne Führerschein im Auto – Hinweis auf bereits gegebene breite Nutzung des Internets durch Jugendliche – Sorge Erwachsener erwächst aus ihrer eigenen Unsicherheit – elektronische Medien sind Alltag, wie Straßenbahn- oder Busfahren

5 **Mögliche Überleitungen zum Hauptteil:**
- (pro) Im Folgenden möchten ich zu der Frage Stellung nehmen, warum ein Schul-Internet-Führerschein für das Surfen im Netz ebenso sinnvoll wäre wie die Erlaubnis zum Führen eines Fahrzeugs.
- (pro) Gerade weil in Deutschland fast alle Jugendlichen bereits im Internet unterwegs sind, lohnt sich die Überlegung, ob die Medienkompetenz junger Menschen durch den Erwerb eines Schul-Internet-Führerscheins gestärkt werden kann.
- (kontra) Obwohl sich die Erwachsenen um uns sorgen, ist ein Internet-Führerschein meiner Meinung nach nicht notwendig

Seite 17

6 b **Mögliche Begründungen für die Einführung:** Man würde lernen, die Urheberrechte besser zu beachten. – Man würde lernen, wie man verantwortungsvoll mit Daten umgeht. – Eltern müssten sich weniger Sorgen machen, was ihre Kinder im Internet tun. – Kennenlernen der Höflichkeitsregeln im Internet (Netiquette) – Man würde lernen, woran man vertrauenswürdige Websites und Informationen erkennt.
Mögliche Begründungen gegen die Einführung: Richtiges Recherchieren und Surfen lernt man auch außerhalb der Schule durch eigene Erfahrungen. Bisher sind Jugendliche auch ohne Schul-Internet-Führerschein ins Netz gegangen und haben selbstständig gelernt, damit zurechtzukommen.

7 a Die Beispiele **B, C** und **D** passen zu Pro-Argumenten, Beispiel **A** zu einem Kontra-Argument.
b **A, C, D:** eigene Erfahrung; **B:** Zeitung

8 **Mögliche Argumente:**
Pro: Man würde lernen, Betrugsversuche im Internet besser zu erkennen, da man durch den Führerschein für solche Gefahren sensibilisiert wird. Es kommt immer wieder vor, dass Internetseiten beispielsweise bewusst unübersichtlich gestaltet werden, sodass der Besucher dieser Seite leicht dazu verleitet wird, auf einen Button zu klicken. Dies kann jedoch im schlimmsten Fall zur Folge haben, dass man unbeabsichtigt beispielsweise ein Abonnement für einen bestimmten Dienst abschließt. Daher ist es sinnvoll, einen Schul-Internet-Führerschein einzuführen, damit gerade Jugendliche auf derartige Fallstricke im Internet hingewiesen werden.
Kontra: Einen Schul-Internet-Führerschein zu machen, wäre sicherlich sehr zeitaufwendig und ginge nur auf Kosten von Unterrichtsstoff. Denn es gibt zahlreiche Aspekte, die bei einer solchen Schulung besprochen werden müssten. Auch beim Autoführerschein dauert es einige Zeit, bis man sein Fahrzeug beherrscht. Zudem reicht allein das praktische Können nicht aus, man muss vielmehr auch theoretische Aspekte, Regeln und Vorschriften beherrschen. Ähnlich ist es im Internet. Surfen alleine beherrscht man schnell, aber das bewusste Umgehen mit dem Internet und das Erkennen von Fallen bedarf einer intensiven Schulung.

Seite 18

9 a Mit den Verknüpfungswörtern **A, D** und **E** kannst du Gegenargumente einleiten.
b **Mögliche Verknüpfungen:**
A Auch wenn ein Internet-Führerschein den verantwortungsvolleren Umgang mit Daten verspricht, so kann ich dagegenhalten, dass sich trotz Führerschein viele nicht an Regeln halten würden.
B Zwar lernt man beim Erwerb des Internet-Führerscheins, sich sicher im Netz zu bewegen, aber viele Jugendliche sind sich der Gefahren längst bewusst und kennen sich mit dem Internet bestens aus.
C Obwohl viele Eltern besorgt sind, wenn ihre Kinder unbeaufsichtigt im Internet surfen, ist ihre Sorge dennoch unbegründet, denn in den meisten Schulen lernen Kinder und Jugendliche, sich im Internet sicher zu bewegen.

10 Möglicher Schluss für eine Argumentation **pro** Schul-Internet-Führerschein:
Aus den dargelegten Gründen bin ich der Meinung, dass ein Schul-Internet-Führerschein sinnvoll ist. Die Führerscheinpflicht sorgt nämlich, wie gezeigt, nicht nur auf unseren Straßen für Sicherheit. Unter der Bedingung, dass das Alter für einen solchen Führerschein deutlich gesenkt würde, könnte ich mir vorstellen, dass er große Unterstützung fände.

Möglicher Schluss für eine Argumentation **kontra** Schul-Internet-Führerschein:
Aus diesen Gründen bin ich der Auffassung, dass ein Schul-Internet-Führerschein gegen Ende der Unterstufe nicht zielführend ist. Viele Jugendliche bewegen sich schon seit ihrer frühen Kindheit im Internet. Wenn es so etwas wie einen Internet-Führerschein geben sollte, fände ich es sinnvoll, ihn schon in der Grundschule einzuführen.

11/12 ●●● Mögliche **Pro-Argumentation:**
(Einleitung:) Stellt euch einmal vor, was alles passieren könnte, wenn jeder ohne Führerschein durch die Gegend fahren würde. Niemand zieht ernsthaft in Erwägung, PKW- oder LKW-Fahrer ohne eine angemessene Ausbildung auf unsere Straßen zu lassen. Im Internet hingegen bewegen sich völlig ungeschulte Menschen, auch Kinder und Jugendliche. *(Standpunkt und Überleitung zum Hauptteil:)* Aus guten Gründen, die ich im Folgenden darlegen werde, denke ich, dass ein Führerschein für das Surfen im Internet ebenso sinnvoll wäre, wie es die Erlaubnis zum Führen eines Fahrzeugs ist. *(Hauptteil:)* Das aus meiner Sicht wichtigste Argument für einen Schul-Internet-Führerschein ist, dass dadurch der sichere Umgang mit Urheberrechten vermittelt werden kann. Vielen Jugendlichen ist nämlich nicht bewusst, dass Bilder, Texte oder Melodien nicht ohne das Einverständnis des Urhebers weiterverbreitet oder bearbeitet werden dürfen. Einer meiner Mitschüler bekam z. B. im vergangenen Jahr überraschend ein Schreiben von einem Rechtsanwalt, weil er ein Video mit fremder Musik unterlegt und hochgeladen hatte. Mit einem Schul-Internet-Führerschein wäre ihm das sicher nicht passiert. Zudem würde man lernen, wie man auch mit persönlichen Daten verantwortungsvoll umgeht. So habe ich z. B. meine Handynummer und E-Mail-Adresse bei einem Gewinnspiel angegeben und serienweise unerwünschte Mails und Nachrichten mit Werbung bekommen. Hätte ich

gewusst, welche Folgen dieses unbedachte Handeln hat, wäre ich aufmerksamer und vorsichtiger gewesen. Auch wenn man einwenden kann, dass sich ähnlich wie beim Autofahren trotz Führerschein manche nicht an Regeln halten, so kann ein Schul-Internet-Führerschein Jugendliche für den verantwortungsvolleren Umgang mit Daten zumindest sensibilisieren. Die Annahme, dass wenige Jugendliche sich weiterhin unvernünftig verhalten werden, rechtfertigt nicht, das gesamte Projekt in Frage zu stellen. *(Schluss:)* Aus den dargelegten Gründen bin ich der Meinung, dass ein Schul-Internet-Führerschein sinnvoll ist. Eine grundlegende Ausbildung sorgt nämlich, wie gezeigt, nicht nur auf unseren Straßen für Sicherheit. Meiner Ansicht nach sollte das Projekt Schul-Internet-Führerschein sogar schon in der Grundschule durchgeführt werden.
Mögliche **Kontra-Argumentation:**
(Einleitung:) Mit einiger Verwunderung verfolge ich die Beiträge zum Thema „Sollten Schülerinnen und Schüler gegen Ende der Unterstufe einen Schul-Internet-Führerschein machen?". Mein Vater bittet meine Schwester und mich jedes Mal um Hilfe, wenn er Probleme mit seinem Computer hat. Im Umgang mit moderner Technik und dem Internet sind wir viel sicherer als viele Erwachsene. *(Standpunkt und Überleitung zum Hauptteil:)* Deshalb bin ich der Meinung, dass ein Schul-Internet-Führerschein für Schülerinnen und Schüler überflüssig ist. *(Hauptteil:)* Viele Eltern sind besorgt, wenn ihre Kinder unbeaufsichtigt im Internet surfen, aber ihre Bedenken sind unbegründet. Denn auch ohne das Projekt „Schul-Internet-Führerschein" lernen Kinder in der Schule, sich im Internet sicher zu bewegen. Richtiges Recherchieren und Surfen steht auf vielen Stundenplänen. So sollten wir kürzlich in Englisch ein Interview mit einem Popstar zusammenstellen und haben dafür in Netz auch nach Informationen zu diesem Popstar recherchiert. Dass wir dabei auf die Quellen der Informationen achten müssen, hatte uns unser Englischlehrer vorher erläutert. Mein wichtigstes Argument ist aber, dass die Unterrichtsstunden sinnvoller genutzt werden könnten, als Schülerinnen und Schülern Internet-Führerscheine machen zu lassen. Ich benötige keine Urkunde, um ins Netz zu gehen, und es gibt andere Fächer, die meiner Meinung nach ausgebaut werden sollten. So finde ich, dass an meiner Schule z. B. zu wenig Sport unterrichtet wird und wir Schülerinnen und Schüler mehr anspruchsvollen sportlichen Ausgleich auch schon in der Schulzeit benötigen. *(Schluss:)* Aus diesen Gründen bin ich der Auffassung, dass es keinen Schul-Internet-Führerschein geben sollte. Er wäre sinnlos, weil sich viele Kinder und Jugendliche schon vor Ende der Unterstufe im Internet bewegen.

Erzählen

Stimmungen schildern – In München surfen

Seite 19

1 **Mögliche Sinneseindrücke:**
Sehen: etliche Surfer/-innen in Neoprenanzügen, die eine Warteschlange entlang des Bachs bilden, Schaulustige mit Smartphones auf der Brücke, eine Surferin, die für einige Sekunden auf einer Welle reitet, das Baden-verboten-Schild, die vielen schattenspendenden Bäume, Kinder, die Eis essen, der reißende Bach – **Hören:** Stimmengewirr, Kindergeschrei, Rufen, das Rauschen des Wassers, das Summen der Insekten, Musik aus dem Gettoblaster, Gitarrengeklimper, Gekicher – **Riechen:** Sonnencreme, Pommes frites, Eis, Wassermelone, Wassergeruch

Seite 20

2 **Mögliche Ergänzungen:**
Verben: spritzen, genießen, hinunterstürzen, eintauchen, faulenzen, dösen, in der Luft liegen –
Adjektive und Partizipien: aufregend, geduldig, wasserreich, plaudernd, erfrischend, ängstlich, jubelnd, heiß

3 A – c, B – a, C – b, D – d

4 **Mögliche Schilderung von Gedanken und Gefühlen:**
Mit dem Blick auf die Surfer und dem Stimmengewirr im Ohr habe ich das Gefühl, dass alle Sorgen wie weggespült sind. Bei all dem bunten Treiben am Bach frage ich mich, ob ich auch so elegant auf der Welle reiten könnte.

5 **a + b** Mögliche Textverbesserungen (aussagekräftige Verben, anschauliche **Adjektive/Partizipien**)
Vier Surfer ~~stehen~~/warten **geduldig** am Rand und schauen aufs **tosende** Wasser. Die Blicke der **unzähligen** Zuschauer ~~sind~~/wirken gespannt, sie wollen ~~wissen~~/sehen, was passiert. Das **ständige** Geräusch der Welle ~~ist~~/klingt sehr laut ...

6 **Mögliche Schilderung der Situation aus der Sicht eines Surfers:**
Im Hochsommer gehe ich gern an den Eisbach. Am liebsten morgens, wenn sich die Luft frisch anfühlt und nach Sommer duftet und nur wenige Surfer am tosenden Bach entspannt darauf warten, die nächste Welle reiten zu können. Während ich warte, beobachte ich die Techniken der anderen Surfer. Manchmal schweift mein Blick auch zu den umstehenden hohen Bäumen, deren Blätterdach sich wie ein Sonnenschirm über uns spannt. Später am Tag, wenn die Hitze zunimmt, kommen immer mehr neugierige Zuschauer auf die Brücke am Eisbach. Dicht gedrängt stehen sie und filmen die Surfer auf dem Eisbach oder schießen Selfies mit einem Surfer auf dem Bach im Hintergrund. Zwischendurch kommt eine Gruppe aufgekratzter Jugendlicher vorbei, die den Surfern aufmunternd zujohlt. Das bunte Treiben am Bach ist mit dem steten Sound des rauschenden Wassers unterlegt. In der Gischt der Wellen versinkt wieder ein Surfer, der danach strahlend aus dem Bach steigt, um dem nächsten Platz zu machen. Mit dem Blick auf die Surfer und dem Stimmengewirr im Kopf habe ich das Gefühl, dass alle Sorgen wie weggespült sind. Bei all dem bunten Treiben am Bach frage ich mich, ob ich auch so elegant auf der Welle reiten könnte. Die Zeit am Bach versetzt mich in eine unbeschwerte Stimmung.

Seite 21

7 **a, b** Markierungen der Verben, **Adjektive/Partizipien,** *sprachlichen Bilder,* Aufzählungen, Wiederholungen

Sebastian Eder: Der verflixte Münchner halbe Meter – Surfen im Eisbach
Als ich Ronaldo Friesens Surfladen in der Münchner Innenstadt verlasse, stehe ich mit dem Brett unterm Arm mitten in einer der **bestbesuchten** Fußgängerzonen Deutschlands. Ich *kämpfe* mich durch die Menschenmassen Richtung Eisbach, vorbei an Designerläden, Straßenmusikern und Touristenattraktionen. In jeder anderen Stadt Deutschlands wäre ich mit einem Surfbrett unter dem Arm wohl selbst eine kleine Attraktion, die Münchner würdigen mich keines Blickes.
Surfer gehören hier schon lange zum Stadtbild – wegen des Eisbachs im Englischen Garten. Dieses Bächlein fließt **größtenteils unterirdisch** durch München. Eine Steinstufe an der Austrittsstelle des sehr **wasserreichen** und **schnell fließenden** Eisbaches erzeugt eine etwa halbmeterhohe, „stehende Welle" genannte Stromschnelle. Der Treffpunkt für Surfer und Schaulustige. Auf der Brücke, unter der das Wasser hervorschießt, bevor es sich *auftürmt*, schießen Touristen ihre Fotos.
[...]
Ich setze mich ans Ufer und beobachte, wie sich ein Surfer nach dem anderen in den Eisbach stürzt. Auch wenn man schon viele „richtige" Wellen am Meer gesurft ist, das erste Mal am Eisbach erinnert an den ersten Sprung von Zehnmeterbrett. Die Welle ist zwar nur einen halben Meter hoch, soll es aber in sich haben. Dazu die Schwimmbad-Situation, sich anstellen zu müssen, beobachtet zu werden, während man wartet und schließlich ins Wasser springt.
Die **erfahrenen** Flusssurfer nehmen mit ihren Brettern in der Hand am Ufer ein paar Schritte Anlauf, springen ab, fliegen kurz durch die Luft, platzieren währenddessen das Brett unter ihren Füßen und rasen dann in der kleinen Welle auf und ab.
Am Ufer reihen sich die Surfer **geduldig** hintereinander auf, ein paar andere, die gerade Pause machen, sitzen daneben um einen Bierkasten herum. Der Geruch von gegrilltem Fleisch liegt in der Luft, aus einer Stereoanlage schallt Rock-Musik. Jetzt oder nie. Ich ziehe den Neoprenanzug an, packe mein Surfbrett und stelle mich in die Schlange neben den **schmalen, reißenden** Bach. Fünf Surfer vor mir. Ein Tourist spricht mich an, er will wissen, aus welchem Fluss das Wasser denn ursprünglich komme. Aus der Isar. Drei Leute vor mir, zwei hinter mir. Es ist das gleiche Problem wie auf dem Sprungturm im Schwimmbad: Zwischen dem Moment, in dem man sich entscheidet, und dem Sprung liegt eine **quälend lange** Zeit. Sobald man in der *Schlange steht*, kann man aber nicht mehr zurück, am allerwenigsten, sobald man in den Abgrund blickt. Oder in den **reißenden** Fluss.
Ich stehe ganz vorne, fünf Surfer hinter mir. ***Gefühlte hundert*** *Blicke ruhen auf mir.* **Vorsichtig** lege ich das Brett ins Wasser, platziere meine Füße darauf, atme tief durch und stoße mich ab. Ungefähr so lange, *wie man* nach dem Sprung vom Zehnmeterbrett *Richtung Wasser* stürzt, kann ich mich auf der eigentlich **lächerlich kleinen** Welle halten, dann überschlage ich mich und versinke in den Fluten. [...]
Als ich nach meinem ersten Versuch als Flusssurfer wieder aus den Fluten auftauche, rase ich in der Strömung am Ufer entlang. Ein Fehler wird mir bewusst: So genau ich die Surfer beim Sprung ins Wasser beobachtet habe, so wenig habe ich zugesehen, wie sie danach wieder an Land kommen. Ich versuche mich an einem Ast festzuhalten, der ins Wasser ragt. **Interessiert** beobachten mich ein paar Jugendliche, *die wenige Meter entfernt in der Sonne baden.* Keine Chance, die Strömung hat zu viel Kraft, der Ast wird mir aus den Fingern gerissen. Gleich verschwindet der Bach hinter einer Kurve, endlich kann ich mich ans Ufer retten.
Völlig außer Atem ziehe ich mein Brett aus dem Wasser und bleibe ein paar Sekunden auf der Wiese liegen. Auf der anderen Seite des Eisbaches paddelt eine junge Surferin **bedächtig** ans Ufer. Das Wasser plätschert unter ihr ruhig vor sich hin – eine Gegenströmung. **Entspannt** klettert das Mädchen an Land. Ich packe mein Brett, laufe durch den Englischen Garten, vorbei an den sonnenbadenden, grinsenden Jugendlichen, und stelle mich wieder in die Schlange. Es kann nur besser werden.

Seite 22

8 **a** Markierungen der Verben, **Adjektive/Partizipien**
Mögliche Lösung: In Aufgabe 6 verwendete Adjektive/Partizipien und Verben: gehen, **frisch**, duften, **tosend**, **entspannt**, warten, beobachten, schweifen, **hohen**, spannen, zunehmen, kommen, **neugierig**, **gedrängt**, stehen, filmen, schießen, **aufgekratzt**, **aufmunternd**, zujohlen, **bunten**, **rauschend**, versinken, strahlen, wegspülen, **elegant**, versetzen, **unbeschwert**.
Im Text verwendete Adjektive/Partizipien und Verben: packen, **schmal**, **reißend**, **quälend lang**, blicken, **reißend**, ruhen, legen, platzieren, durchatmen, abstoßen, stürzen, **lächerlich klein**, überschlagen, versinken.

b **Mögliche Überarbeitung mit Markierung der geänderten Wörter:** Im Hochsommer packe ich gern mein Surfbrett und stürze mich in den Eisbach im Englischen Garten. Am liebsten morgens, wenn die Luft frisch und nach Sommer duftet und nur wenige Surfer am tosenden Bach entspannt darauf warten, die nächste Welle reiten zu können. Während ich warte, beobachte ich **versunken** die Techniken der anderen Surfer. Manchmal ruht mein Blick auch auf den umstehenden hohen Bäumen, deren Blätterdach sich wie ein Sonnenschirm über uns spannt. Später am Tag, wenn die Hitze zunimmt, kommen immer mehr neugierige Zuschauer auf die Brücke am Eisbach. Dicht gedrängt stehen sie und filmen die Surfer auf dem Eisbach oder schießen Selfies mit einem Surfer auf dem Bach im Hintergrund. Zwischendurch kommt eine Gruppe **fröhlicher** Jugendlicher vorbei, die den Surfern **interessiert** zuschaut. Das bunte Treiben am Bach ist mit dem steten Sound des rauschenden Wassers unterlegt. In der Gischt der Wellen überschlägt sich wieder ein Surfer, der danach strahlend aus dem Bach steigt, um dem nächsten Platz zu machen. Mit dem Blick auf die Surfer und dem Stimmengewirr im Kopf habe ich das Gefühl, dass alle Sorgen **lächerlich klein** sind. Bei all dem bunten Treiben am Bach frage ich mich, ob ich auch so elegant auf der Welle reiten könnte. Die Zeit am Bach versetzt mich in eine **freudige** Stimmung.

9 a, b Markierungen der Verben, **Adjektive/Partizipien**, *sprachlichen Bilder*, Aufzählungen, Wiederholungen
Ich habe mich unter das **kühlende** *Blätterdach* eines **alten** Baumes gesetzt und beobachte die Surfer, die sich **geduldig wartend** am Rand des **schmalen, reißenden** Baches aufgereiht haben, um sich in das **hervorschießende** Wasser zu stürzen. Sie tragen ihre Bretter **lässig** unterm Arm, während sie den Surfern im Wasser zusehen oder miteinander plaudern und lachen. Ich halte mein Smartphone auch **lässig** in der Hand, um immer wieder Fotos vom **bunten** Treiben der **unzähligen** Schaulustigen auf der Brücke und den **strahlenden** Surfern nach dem Ritt auf der Welle zu schießen. Ich **genieße** diese Mischung aus **sommerlichem** Wetter, Stimmengewirr, Lachen und dem **aufregenden** Getöse des Wassers.

Teste dich! – Die drei Grundformen des Schreibens unterscheiden

Seite 23

1 a, b Markierung der **erzählenden,** informierenden und *argumentierenden* Textteile, mögliche eigene Erläuterungen
Mögliche Lösung:

Textteil	Erläuterung
Als ich neulich in einem Supermarkt war, habe ich einmal versucht, auf Nachhaltigkeit zu achten. Gar nicht so einfach! Natürlich nehme ich nicht die eingeschweißte Bio-Gurke, aber die Gurke ohne Plastikhülle stammt aus der konventionellen Landwirtschaft! Und vor dem Kühlregal ging es mir ähnlich: Nur Milch ohne Bio-Kennzeichnung gab es in der Mehrwegflasche. Die Milch aus ökologischer und regionaler Landwirtschaft war in diesem Geschäft nur im Tetra Pak erhältlich – da ist es schwierig, zum nachhaltigsten Produkt zu greifen. Und das ist das Problem:	reales Geschehen, Spannung, subjektiv, unterhalten, erzählend, persönliche Erfahrung, Ich-Perspektive
Jede/r Deutsche produziert derzeit 212,5 Kilogramm Verpackungsmüll im Jahr. Erhebungen des Bundesumweltministeriums ergeben, dass zwei Drittel davon Verpackungen für Getränke und Nahrungsmittel sind.	sachlich, Expertenwissen, Information, Fakten, Glaubwürdigkeit, Benennen einer Informationsquelle, konkrete Angaben, Statistik
Der Verzicht auf diese Verpackungen aus Plastik ist aber sehr schwer zu realisieren. Während nämlich an den Gemüse- und Obstregalen zumindest noch manches Erzeugnis lose zu kaufen ist, sind die meisten anderen Lebensmittel weder unverpackt noch in einer Mehrwegverpackung verfügbar. Sogar die Pappschachteln, in denen es manche Nudelsorten gibt, haben ein Sichtfenster aus Plastik. Je näher man der Kasse kommt, desto schlimmer wird es: Pralinen werden zunächst einzeln eingehüllt, dann in eine Schachtel gepackt, in der sie in einer Kunststoffeinlage sortiert sind. Bei manchen Marken wird diese Schachtel dann zusätzlich noch mit Plastik umhüllt – eine Katastrophe.	Behauptung, überzeugen, anschauliches Beispiel, Fakten, Darlegung der eigenen Position, Glaubwürdigkeit, persönliche Erfahrung, Begründung, anschauliche Adjektive/Partizipien, Steigerung

Hinweis: In Teilaufgabe a können maximal sechs Punkte erreicht werden. Je richtig erkanntem Textteil werden zwei Punkte vergeben. Wird ein Textteil teilweise richtig erkannt, gibt es statt der zwei Punkte nur einen Punkt.
In Teilaufgabe b können maximal 12 Punkte erreicht werden. Durch die richtige Zuordnung von je vier Begriffen aus dem Wortspeicher können bis zu vier Punkte pro Textteil vergeben werden. Wir haben in der Lösung alle möglichen Begriffe pro Textteil aufgelistet, deshalb sind hier mehr als vier Begriffe pro Textteil aufgeführt.

Einen Sachtext lesen und verstehen – Ein Künstler in New York

Seite 24

1 Die Reportage informiert über Jason Polans besonderes Projekt.

Seite 25

2 **Mögliche Wiedergabe des Themas:**
Der Zeitungsartikel stellt den Künstler Jason Polan und dessen Projekt, alle New Yorker zu zeichnen, vor.

3 Der Text eignet sich zur Information über Jason Polan und sein Projekt.

Seite 26

4 b **Folgende Wörter/Textstellen könnten Probleme bereiten:** sich postieren (Z. 5) – sich an einen bestimmten Platz stellen, der Passant (Z. 6) – vorbeigehender Fußgänger, charakteristisch (Z. 14) – eine bestimmte Eigenschaft besitzend, „Jede Skizze muss sofort sitzen, [...].“ (Z. 15) – die Skizze muss korrekt ausgeführt werden, da Nachbesserungen nicht vorgenommen werden, das Katalogisieren (Z. 20) – etwas anhand von Merkmalen ordnen und in eine Sammlung aufnehmen, „Der Maler habe sich als Salvador Dalí entpuppt.“ (Z. 39–40) – Salvador Dalí (1904–1989) ist ein berühmter

spanischer Künstler, sich entpuppen – sich überraschenderweise als jemand herausstellen, der Porträtierte (Z. 46) – derjenige, der bildlich dargestellt wird

Tipp: Versuche, dir unbekannte Begriffe zuerst aus dem Sinnzusammenhang zu erschließen, und prüfe dann deine Lösung, indem du den Begriff in einem Lexikon oder Fremdwörterlexikon nachschlägst. Auf diese Weise erhältst du Übung im Entschlüsseln dir unbekannter Begriffe.

5 A – a, B – a, C – b

6 a **Mögliche Schlüsselwörter:** „Motive" (Z. 1), „ungefähr 14 000 Porträts" (Z. 1), „acht Millionen weitere" (Z. 2–3), „jeden [...] Einwohner" (Z. 4), „New York" (Z. 5), „zeichnen" (Z. 5), „eine Minute [...] pro Bild" (Z. 7), „Unmöglichkeit seines Projekts" (Z. 8), „Versuch" (Z. 9), „unauffällig" (Z. 11), „einige wenige charakteristische Striche" (Z. 14), „Jede Skizze muss sofort sitzen." (Z. 15), „heimlich zeichnet" (Z. 17), „veröffentlicht auf seiner Webseite" (Z. 19), „Leidenschaft fürs Katalogisieren" (Z. 20), „heimlich Porträtierten" (Z. 25), „New Yorkerin" (Z. 27–28), „stört sie nicht" (Z. 34–35), „angetan von dem Projekt" (Z. 36), „Passant" (Z. 36), „Blind-Date-Termine" (Z. 42), „wartet [...] versteckt" (Z. 44 f.), „möglichst schnell und unbemerkt" (Z. 45), „unbemerkt seine Zeichnung aufs Blatt" (Z. 45), „das Bild im Internet ansehen" (Z. 46), „fühle mich isoliert" (Z. 48), „schüchternen" (Z. 49–50)

b **Sinnabschnitt 1** (Z. 1–7): Jason Polan und sein Projekt – **Sinnabschnitt 2** (Z. 8–19): Arbeitsweise des Künstlers – **Sinnabschnitt 3** (Z. 20–24): Beweggründe des Künstlers– **Sinnabschnitt 4** (Z. 25–41): Reaktionen von porträtierten Menschen – **Sinnabschnitt 5** (Z. 42–52): Polans Einsamkeit und Schüchternheit

Seite 27

7 **Mögliche Zusammenfassung der Sinnabschnitte mit eigenen Worten:**
Zu Beginn des Textes (Zeile 1 bis 7) wird Jason Polans Kunstprojekt vorgestellt: Er will alle acht Millionen Einwohner New Yorks porträtieren. Damit soll zum Thema des Textes hingeführt und das Interesse der Leser geweckt werden. Im folgenden zweiten Abschnitt (Zeile 8 bis 19) wird erklärt, wie Polan arbeitet. Er fertigt in wenigen Augenblicken unbemerkt Porträtskizzen der Passanten an.
Was Polan zu diesem Projekt antreibt, wird im dritten Sinnabschnitt (Zeile 20 bis 24) dargestellt. Der Künstler liebt es, Dinge (und Menschen) zu ordnen und zu katalogisieren. Wie Menschen darauf reagieren, heimlich gezeichnet zu werden, zeigt beispielhaft der vierte Sinnabschnitt (Zeile 25 bis 41) anhand zweier New Yorker, die von Polans Skizzen begeistert sind. Der abschließende Abschnitt (Zeile 42 bis 52) zeigt noch einmal genauer, wie Polan vorgeht. Das verdeutlicht, wie schüchtern der Künstler ist, den seine Art zu arbeiten auch einsam macht.

8 **Mögliche Begründung:**
Mit dem Text sollen die Lesenden informiert und in gewisser Weise auch unterhalten werden.
Im Text finden sich viele Informationen über das Kunstprojekt Jason Polans. Gleichzeitig wird auf sachliche Weise von den Reaktionen der Menschen erzählt, die Polan porträtiert. Der Text zeigt aber auch die Schattenseiten dieses Künstlerlebens auf.
Unterhaltsam ist dabei, dass es sich um ein sehr außergewöhnliches Projekt handelt, von dem man mit Interesse und mit Staunen lesen kann. Auch der Blick auf die Nachteile für den Menschen Polan ist nicht nur interessant, sondern berührt die Leser und ist damit „unterhaltsam".

9 ●●● a **Mögliche Wertungen:** interessantes Thema – informativ – kurzweiliger, gut lesbarer Text – anschauliche und lebendige Beschreibung – macht Lust, mehr über den Künstler zu erfahren

b **Beispiel für eine Meinung:** Der Text über Jason Polan ist sehr interessant und informativ, da er ein sehr ungewöhnliches Projekt und einen ungewöhnlichen Künstler vorstellt. Der Text ist kurzweilig und gut lesbar. Dazu trägt auch bei, dass er einige anschauliche und lebendige Beschreibungen enthält. Nach der Lektüre des Artikels möchte ich mehr über den Künstler und seine Porträts erfahren.

Diagramme lesen, verstehen und auswerten

Seite 28

1 a Die Diagramme informieren über die Einwohnerzahlen in den fünf New Yorker Stadtteilen und über die Fläche dieser Stadtteile.

b Richtig sind die Antworten **B**, **C** und **D**. Falsch sind die Antworten **A** und **E**.

c Manhattan: rund 27 979 Einwohner/ km², Brooklyn: rund 14 482 Einwohner/km², die Bronx: rund 13 522 Einwohner/km², Queens: 8 337 Einwohner/km², Staten Island: rund 3 165 Einwohner/km²

2 a Das Diagramm zeigt die Bevölkerungsentwicklung in New York seit dem Jahr 1900. Angegeben werden die Einwohnerzahlen in Millionen, jeweils zu Beginn des Jahrzehnts.

b **Mögliche Beschreibung:** Insgesamt hat sich die Einwohnerzahl New Yorks von 1900 bis 2010 von rund 3,5 Mio. Einwohner auf über 8 Millionen Einwohner mehr als verdoppelt. Auffällig ist, dass der Anstieg bis 1950 besonders deutlich ist: In diesen 50 Jahren stieg die Zahl von rund 3,5 auf über 7,9 Millionen Einwohner. Seither haben sich Einwohnerzahlen nur noch geringfügig verändert: Während in den 1980er und 1990er Jahren sogar leichte Rückgänge auf unter 7, 5 Mio. Einwohner zu verzeichnen waren, ist die Zahl bis zum Jahr 2010 auf den Höchststand von rund 8,2 Millionen Einwohner gestiegen.

c Ein Kreisdiagramm gibt im Grunde nur die Anteile einer Menge in Bezug auf die Gesamtmenge an. Es werden also keine absoluten, sondern relative Werte deutlich. Wollte man das Bevölkerungswachstum angeben, müsste man mehrere Kreisdiagramme unterschiedlicher Größe nebeneinander zeichnen und die Größe der Diagramme ins Verhältnis zur Bevölkerungszahl setzen (je größer die Bevölkerung, desto größer der Kreis). Das ist zwar möglich, der Betrachter kann die Werte und Entwicklungen aber nur abschätzen. Zur genauen Information müssen die Diagramme dann mit den absoluten Zahlen beschriftet werden.

3 **Mögliche Antwort:**
Das Diagramm macht deutlich, dass Jason Polan unmöglich alle New Yorker porträtieren kann. Allein die Gesamtzahl heute ist schon zu groß, als dass ihm dazu genügend Zeit bliebe. Selbst wenn er täglich acht Stunden lang pro Stunde 30 Menschen zeichnen würde, bräuchte er über 90 Jahre für sein Projekt! Da die Zahl der Einwohner wächst, wäre selbst diese unglaubliche Leistung nicht mehr ausreichend.

Einen Romanauszug untersuchen – Cornelia Funke: „Reckless"

Seite 29

1 Es wird die Er-Erzählform verwendet.
Mögliche Textbelege: „Sie hatte seine Schulter frisch verbunden, aber sie schmerzte schlimmer denn je" (Z. 4–5). – „Mit dem Schmerz kam alles zurück, doch Jacob konnte sich nicht erinnern [→ Er/Sie-Erzählform erkennbar], wann er das Bewusstsein verloren hatte" (Z. 6–8).

Seite 30

2 **Mögliche Erklärung:** Der Erzähler gibt die möglichen Gedanken Claras wieder. Er erzählt dabei aus der Innensicht Jacobs, wodurch die Leser Claras Bestürzung und Verunsicherung nachvollziehen können, mit der sie die Verwandlung der Füchsin mitverfolgt.

3 **Mögliche Textstellen:** „Mit dem Schmerz kam alles zurück, doch Jacob konnte sich nicht erinnern [→ Innensicht, ohne die Figur zu Wort kommen zu lassen], wann er das Bewusstsein verloren hatte" (Z. 6–8). – „Jacob blickte sich um. An vielen Stellen lagen die Blätter so verdächtig hoch, als bedeckten sie ausgestreckte Körper" [→ Die Leser folgen gewissermaßen seinem Blick und vollziehen seine Gedanken nach.] (Z. 19–21). – „Clara blickte ungläubig über den stillen Hof" [→ Die Leser erfahren von den Zweifeln Claras, ohne dass sie diese formuliert.] (Z. 33).

4 **Möglicher Tagebucheintrag:** Liebes Tagebuch, ich kann nicht glauben, was ich heute erlebt habe. Vor meinen Augen hat sich der Fuchs in ein Mädchen verwandelt. Will wird langsam zu Stein und Füchse werden plötzlich zu Menschen. In dieser Welt ist alles märchenhaft und nichts ist so, wie es zu Beginn scheint.
Wir sind heute in einem verwunschenen Schloss untergekommen. Es ist völlig von Rosen bedeckt. Im Turm liegt ein Mädchen, das aussieht, als schlafe es. Aber es ist verwelkt und tot – wie Dornröschen in einem Märchen, das schlecht ausgeht. Will wollte nicht mit mir über sie sprechen, aber das Schicksal des verwelkten Mädchens beschäftigt ihn sehr.

Seite 31

5 **Mögliche Beschreibung:** Die Welt, in der die Handlung spielt, scheint eine Parallelwelt zu sein, in der die Märchen, die wir kennen, Wirklichkeit sind. Dort können sich Tiere in Menschen und Menschen in Dinge verwandeln. Außerdem können Tiere wie im Märchen sprechen und Gegenstände wie das Schloss verzaubert und verwunschen sein. Anders aber als in den Märchen unserer Welt scheinen die Märchen in dieser Parallelwelt nicht immer gut auszugehen.

6 a **Mögliche Zusammenfassung:** Im Märchen „Dornröschen" feiert ein Königspaar die sehnlich erwartete Geburt ihrer Tochter. Geladen werden neben Verwandten und Bekannten auch die weisen Frauen, die Feen des Reiches. Da es 13 Feen gibt, im Schloss aber nur zwölf goldene Teller sind, wird eine übergangen und nicht eingeladen. Auf dem Fest beschenken die Feen Dornröschen mit ihren Wundergaben. Plötzlich erscheint die 13. Fee und prophezeit, dass Dornröschen sich an ihrem 15. Geburtstag an einer Spindel stechen und daran sterben wird. Die zwölfte Fee, die ihre Wundergabe noch nicht dargebracht hatte, kann den bösen Spruch zwar nicht aufheben, aber mildern. Dornröschen solle am Stich der Spindel nicht sterben, sondern in einen hundertjährigen Schlaf fallen.
An Dornröschens 15. Geburtstag schließlich erscheint die 13. Fee als alte Frau im Schloss, die in einem Turm ein Spinnrad dreht. Dornröschen gefällt die hüpfende Spindel, will sie berühren und sticht sich an ihr. Augenblicklich sinkt sie in tiefen Schlaf. Mit ihr schlafen die ganze Hofgesellschaft und sogar die Tiere des Schlosses ein. Das Schloss selbst wird von Rosen überwuchert. Immer wieder versuchen Prinzen, das sagenumwobene Dornröschen zu finden und zu erwecken. Aber alle bleiben in den Dornen des Schlosses hängen und sterben. Erst nach hundert Jahren gelingt es – wie von der zwölften Fee prophezeit – einem Prinzen, die Rosen zu überwinden und Dornröschen mit einem Kuss zu erlösen. Sie erwacht und mit ihr der gesamte Hofstaat. Dornröschen und der Prinz heiraten und leben glücklich bis an ihr Ende.

b **Mögliche Lösung:** Im Unterschied zum Originalmärchen ist Dornröschen im Turm wohl gestorben. Ob der Prinz, der sie erlösen wollte, in den Dornen hängen geblieben ist, bleibt offen. Vielleicht ist er auch nie gekommen. Die Geschichte hat in „Reckless" also kein gutes Ende gefunden. Die anscheinend von Rosenblättern bedeckten Mitglieder des Hofstaates wurden also auch nicht vom Fluch befreit. Es scheint, als ob hier das Böse am Ende gesiegt habe.

7 **Mögliche Fortsetzung:** Jacob stieg die Wendeltreppe hinauf und sah seinen Bruder Will am Fenster des Turmes stehen. Langsam blickte er sich im Raum um. Tatsächlich, auf einem Bett lag von Rosenblättern überdeckt, aber doch deutlich sichtbar ein Mädchen. Nicht weit vom Kopf entfernt lag die Prinzessinnenkrone. Er hatte wenig Zweifel, um wen es sich bei der verwelkten Schönheit handelte – Dornröschen hatte es also wirklich gegeben, aber es war kein Prinz gekommen.
Leise schritt Jacob auf Will zu. Dieser bemerkte ihn und drehte sich zu ihm um: „Willst du mir immer noch weismachen, dass der Fluch, der mich getroffen hat, aufgehoben werden kann? Das Mädchen hier hat das wohl auch geglaubt. Und nun sieh sie dir an." Will ging zu dem Mädchen, nahm ein Rosenblatt und hielt es lange in der Hand. „Nein, Jacob", flüsterte er, „ich glaube nicht mehr, dass mein Märchen gut enden wird."

Seite 32

8 **Mögliche Lösung:**
Gemeinsamkeiten: Jacob geht zu Will. – Prinzessin liegt von Rosenblättern bedeckt auf dem Bett. – Kein Prinz war gekommen, um Dornröschen zu erlösen.
Unterschied: In Cornelia Funkes Roman lässt Will sich von Jacob überzeugen und glaubt an ein gutes Ende.

Seite 33

9 **Mögliche Textstellen für die Charakterisierung von Will:**
Will stand an dem einzigen Fenster, als wäre der Prinz doch noch gekommen. Jacobs Schritte ließen ihn herumfahren. (Z. 87–88): Will ist hier in sich gekehrt, nachdenklich und gedankenversunken. – Der Stein färbte ihm nun auch die Stirn, und das Blau seiner Augen ertrank im Gold. (Z. 88–89): Mit Will geht eine Verwandlung durch, er wird zu lebendigem Stein, er wird innerlich und äußerlich härter; Augen aus Gold → er wird zu einem besonderen Goyl, ein Auserwählter. – „Kein ‚und wenn sie nicht gestorben sind'", sagte Will mit einem Blick auf die Prinzessin. (Z. 91–92): Will befürchtet auch für sich ein tragisches Ende, spürt vielleicht Angst, Verzweiflung, Hoffnungslosigkeit. – „Geht es dir besser?" (Z. 93): Will sorgt sich um seinen Bruder. – Und als er es schließlich tat, klang seine Stimme so glatt und kühl wie seine neue Haut. „Mein Gesicht fühlt sich an wie polierter Stein. Die Nacht wird mit jedem Tag heller, und ich konnte dich hören, lange bevor du auf der Treppe warst. Ich spüre es inzwischen nicht nur auf der Haut." (Z. 95–99): Die äußere und innere Verwandlung Wills wird deutlich; er wird gefühlskälter, härter; er denkt nüchtern und rational, seine Sinne werden schärfer. – „Es ist auch in mir." (Z. 100): Will ahnt sein Schicksal. – „Ich hatte alles vergessen. Dich. Clara. Mich selbst. Ich wollte nur noch zu ihnen reiten." (Z. 102–103): Will verändert seinen Charakter, sein neues, hartes Wesen wird immer stärker. – „Ist es das, was passiert? Sag mir die Wahrheit." Will blickte ihn an. „Ich werde nicht nur aussehen wie sie. Ich werde sein wie sie, oder?" (Z. 105–106): Will ahnt, was mit ihm passiert, will es aber nicht glauben, sucht um Hilfe und Rat. Er fürchtet sich vielleicht vor der Verwandlung. – „Sie sind zornig. Ihr Zorn bricht in dir aus wie eine Flamme. Aber sie sind auch der Stein. Sie spüren ihn in der Erde und hören ihn unter sich atmen."(Z. 111–113): All das spürt und fühlt Will bereits. Sein neues Wesen und Temperament – zornig, aufbrausend, hart und hoch sensibel – wird immer deutlicher. – Er betrachtete die schwarzen Nägel an seiner Hand. (Z. 114): Seine innerliche Verwandlung zeigt sich auch im äußeren Erscheinungsbild. – „Sie sind Dunkelheit", sagte er leise. „Und Hitze. Und der rote Mond ist ihre Sonne." (Z. 115–116): Will blickt damit auf seine eigene Zukunft, die ihm bedrohlich erscheint. Seine Angst wird deutlich. – „Ist es wahr, was du den Plünderern erzählt hast? Du bringst mich zu einer anderen Fee?" (Z. 120–122): Will schöpft noch Hoffnung. – Glaubst du, ich will, dass du meinetwegen so endest?" (Z. 126): Die Sorge um den Bruder und die Zweifel an seiner Rettung werden deutlich. – Aber Wills Blick strafte seine Worte Lügen. *Hilf mir, Jacob,* sagte er. *Hilf mir.* (Z. 127): Will vertraut Jacob und hat große Angst vor seinem Schicksal. – Es funktionierte immer noch. Die Hoffnung säte sich auf Wills Gesicht ebenso leicht aus wie der Zorn. Brüder. Der ältere und der jüngere. Unverändert. (Z. 133–135): Will lässt sich noch beeinflussen, seine Verwandlung ist noch nicht vollständig. Er glaubt noch an seinen Bruder und vertraut ihm.

10
a **Hinweis:** Bei der Porträtgestaltung sollte berücksichtigt werden, dass die Verwandlung in den Augen (Gold), an den Händen (schwarze Nägel) und an einigen Stellen der Haut (Stein, erst später wird deutlich, dass er eine Haut aus grünem Jaspis bekommt) deutlich wird.
b **Mögliche Gedanken:** All die Rosenblätter, verwelkt wie Dornröschen. Viele wollten sie retten, aber keinem ist es gelungen. – Jacob wird bestimmt versuchen, mich zu retten. Er findet doch immer einen Weg. Warum sollte es ihm also nicht auch diesmal gelingen? – Ich weiß nicht, was in mir vorgeht. Ich verwandele mich in ein Steinwesen. Werde ich dann alles vergesssen? – Was soll aus mir werden, wenn ich ein Goyl werde? Nichts wird so sein wie zuvor.

11 **Mögliche Lösung, u. a. mit teilweiser Übernahme der wörtlichen Rede:**
Ich war gerade ans Fenster getreten, als ich die Schritte meines Bruders auf der Treppe hörte. Unglaublich! Obwohl er noch weit entfernt war und er sich große Mühe gab, leise zu sein, konnte ich ihn deutlich hören. Was ging nur in mir vor? Konnten die Goyl so etwas? Wurde ich nicht nur äußerlich, sondern auch in meinem Innern einer von ihnen?
Immer heftiger spürte ich etwas Fremdes in mir. Eine Art von Zorn, die ich noch nie empfunden hatte. Einen Zorn auf alles, was sich auf der Erdoberfläche und im hellen Licht bewegte. Und erst die Sonne – ihr Licht begann mir wehzutun. Und während sie mir immer verhasster wurde, begann ich den Mond zu lieben.
Jacob riss mich schließlich aus meinen Gedanken. Er stand in der Tür und ließ den Blick durch den Raum streifen. Seine Augen fielen auf das tote Mädchen und ihre Decke aus verwelkten Rosenblättern. Jacob hatte mir als Kind oft Märchen erzählt, auch das von Dornröschen. Aber das hier war kein Märchen, es war bittere Wirklichkeit. „Kein ‚und wenn sie nicht gestorben sind'", meinte ich leise. „Und das hier war auch ein Feenfluch." Jacob sah mich gequält an. „Geht es dir besser?", fragte ich ihn. „Ja", entgegnete er knapp. Natürlich log er, das konnte man leicht erkennen. Er fragte, wie es mir ginge. Oh, Jacob – er hatte keine Ahnung, was sich in mir abspielte. Er wusste nicht, wie es war, ein Wesen aus Stein zu werden. Wie sollte er

meine Gefühle erraten können? „Mein Gesicht fühlt sich an wie polierter Stein. Die Nacht wird mit jedem Tag heller, und ich konnte dich hören, lange bevor du auf der Treppe warst. Ich spüre es inzwischen nicht nur auf der Haut. Es ist auch in mir."
Jacob sah mich fragend an, natürlich dachte er an das, was am Nachmittag passiert war. Aber wie sollte ich ihm erklären, was ich selbst nicht verstand? „Ich hatte alles vergessen. Dich. Clara. Mich selbst. Ich wollte nur noch zu ihnen reiten." Er sah mich fassungslos an. Wusste er, was in mir vorging? Die Angst vor dem, was aus mir werden sollte, ließ mich schwindeln.
„Ist es das, was passiert?", wollte ich wissen. „Sag mir die Wahrheit."
Jacob zögerte, er wollte nicht sprechen. Darum setzte ich nach: „Ich werde nicht nur aussehen wie sie. Ich werde sein wie sie, oder?"
Ich konnte deutlich sehen, wie er nachdachte. Was sollte er mir auch antworten? Schließlich hatte er keine Vorstellung, welcher Kampf in mir tobte und in welches Wesen ich mich gerade verwandelte. Er wollte und konnte es nicht verstehen.
Wütend fuhr ich ihn an: „Sie sind zornig. Sie spüren einen Hass, der wie Feuer auflodert. Ihre Heimat ist die Erde, sie sind lebendiger Stein, Hitze und Dunkelheit."
Erschrocken blickte mich mein Bruder an. „Du wirst nicht wie sie", redete er besänftigend auf mich ein. Er wollte mir helfen, das wusste ich. Und ich brauchte ihn jetzt mehr denn je. Vielleicht wusste er ja tatsächlich einen Weg, wie ich diesen verhassten Stein in meiner Brust loswerden konnte.
„Du wirst nicht werden wie sie", sagte er nach einer Weile. „Weil ich es verhindern werde." Wie wollte er das nur anstellen? War es etwa tatsächlich so, wie er es den Plünderern erzählt hatte? Das konnte nicht sein! „Du bringst mich zu einer anderen Fee? Feen sind gefährlich. Sieh dir Dornröschen an!" Wie sollte er das nur schaffen? Ich zeigte auf das Fenster. „In den Dornen hängen Tote!", beschwor ich ihn. Konnte es ihm gelingen? Nein! Er sollte nicht meinetwegen sterben, auch wenn ich seine Hilfe noch so dringend nötig hatte.
Doch dann blickte er mich an, legte mir beide Hände auf die Schultern und meinte langsam und eindringlich: „Diese Fee ist anders!" Und sein Blick war wieder so fest und selbstsicher wie in den früheren Tagen. Ja es gab Hoffnung. Ich spürte es deutlich: Jacob, mein großer Bruder, würde es schaffen!

Ein Gedicht untersuchen – Christian Morgenstern „Berlin"

Seite 34

1 Die Wirkung des Gedichts kann auf unterschiedliche Weise beschrieben werden. Denkbar sind z. B. die Adjektive „gefühlvoll", „geheimnisvoll", „schwärmerisch" und „ruhig" sowie das Partizip „liebend".

Seite 35

2 a Die Aussagen **B** und **C** treffen zu.
b **Mögliche Begründung:**
Das Gedicht beschreibt eine Situation und die damit verbundenen Gefühle, Gedanken und Eindrücke. Die dargestellte Szene ist die Stadt Berlin bei Nacht. Das lyrische Ich beschreibt die Eindrücke, die die endlosen Häuserreihen, das schwindende Licht und die verebbende Unruhe auf es machen. Die Stimmung bekommt durch bestimmte sprachliche Ausdrücke („mystisch" V. 6, „Lichtgefunkel" V. 7, „heilig" V. 12, „Schicksal" V. 12) auch etwas Feierliches. Das lyrische Ich verbindet mit diesen Eindrücken ein sehr positives Gefühl: Es liebt das nächtliche Berlin (vgl. V. 1).

3 **Mögliche Zusammenfassung des Themas mit eigenen Worten:** In dem Gedicht „Berlin" von Christian Morgenstern geht es um die Großstadt Berlin. Der Sprecher des Gedichts erklärt, warum er diese Stadt besonders bei Nacht liebt.

4 Der Sprecher in diesem Gedicht ist das lyrische Ich. Es spricht als Adressaten die Stadt Berlin an.

Sprecher im Gedicht: →	**Art der Beziehung/Anrede:**	→ **Adressat im Gedicht:**
lyrisches Ich, lebt/ist in Berlin und kennt die Stadt gut Textbelege: „Ich" nur V. 1	eine Liebeserklärung	die (nächtliche) Stadt Berlin Textbelege: Titel, Pronomen „dich" (V. 1), „dein(e)" in V. 2, 3 und 4

5

	1. Strophe	2. Strophe	3. Strophe
Inhalt	Nachts bekommt Berlin etwas Verschwommenes, Weiches und Menschliches. Das lyrische Ich empfindet die Stadt in diesem Zustand als liebenswert.	Die Dunkelheit bei gleichzeitiger Beleuchtung der Häuser stiftet eine geheimnisvolle, aber friedliche Stimmung in der Stadt.	Mit dem Ausgehen der letzten Lichter kommt die Stadt endgültig zur Ruhe. Der Gedanke an die Schicksale der Menschen, die dort jetzt schlafen, erzeugt eine feierliche Stimmung.
Reimform	umarmender Reim	Kreuzreim	Kreuzreim
Metrum	5-hebiger Jambus	5-hebiger Jambus	5-hebiger Jambus

Analyse der Reimform und des Metrums

Christian Morgenstern **Berlin** (1906)	**Reimform**
Ich líebe dích bei Nébel únd bei Nácht,	a
wenn déine Línien íneinánderschwímmen, –	b
zumál bei Nácht, wenn déine Fénster glímmen	b
und Ménschheit déin Gestéin lebéndig mácht.	a
Was wǘst am Tág, wird rä́tselvóll im Dúnkel;	c
wie Séelenbúrgen stéhn sie mýstisch dá,	d
die Hä́userréihn, mit íhrem Líchtgefúnkel;	c
und Éinheit áhnt, wer sónst nur Víelheit sáh.	d
Der létzte Glánz erlíscht in blínden Schéiben;	e
in séine Schächteln líegt ein Spíel gerä́umt;	f
gebä́ndigt rúht ein úngestǘmes Tréiben,	e
und héilig wírd, was só voll Schícksal tráumt.	f

6 **Mögliche Begründung:**
Die erste Strophe des Gedichts wirkt besonders gefühlvoll, da hier der personifizierten Stadt Berlin mit „ich liebe dich“ (V. 1) eine Liebeserklärung gemacht wird.
Die Fenster der Stadt „glimmen“ (V. 3) in der Nacht, sie strahlen Wärme und Behaglichkeit aus. Die Menschen, die sich in den Straßen der Stadt und vielleicht auch hinter den Fenstern bewegen, lassen die Stadt, die Steine, aus der die Häuser erbaut sind, in den Augen des lyrischen Ichs „lebendig“ (V. 4) werden.
Auch die sprachliche und formale Gestaltung trägt zu diesem Eindruck bei: Der umarmende Reim (abba) unterstreicht die Einheit der Strophe und rundet sie ab. Der Jambus, der das ganze Gedicht in sehr regelmäßiger Weise durchzieht, strahlt einerseits Harmonie aus, erlaubt aber auch die Betonung wichtiger Begriffe und Aussagen, z. B. „ich liebe dich“ (V. 1) und „lebendig“ (V. 4). Neben der Betonung des Gefühls des lyrischen Ichs wird damit auch deutlich, dass die Strophe durchaus auch lebhafter und eindringlicher vorgetragen werden kann. Die Wortzusammensetzung „ineinanderschwimmen“ (V. 2) verdeutlicht dabei auch sprachlich, dass der Betrachter die einzelnen Linien der Stadt nicht mehr auseinanderhalten kann, sondern dass aus der Vielzahl der Linien ein Gesamtbild wird.
Das gesamte Gedicht, v. a. aber die Strophen zwei und drei, wirkt ruhig und harmonisch. Dazu trägt der Kreuzreim (cdcd, efef) dieser Strophen bei, der die Gedichtzeilen miteinander verknüpft. Der regelmäßige Jambus erlaubt ebenfalls eine regelmäßige Betonung. Die Leser geraten beim Vortrag nirgends ins Stocken. Auch die Personifizierung der Stadt wird fortgeführt. Die „Häuserreihn“ (V. 7) werden z. B. mit „Seelenburgen“ (V. 6) verglichen und ihr Erscheinungsbild wird als „mystisch“ (V. 6), also geheimnisvoll bezeichnet. Der Neologismus (die Wortneuschöpfung) „Lichtgefunkel“ (V. 7) führt den Lesern das Glitzern und Leuchten der Fenster vor Augen und lässt ihn an Edelsteine denken, deren Leuchten ebenfalls als Funkeln bezeichnet wird. Besonders wichtig ist der letzte Vers des Gedichtes: „[...] und heilig wird, was voll von Schicksal träumt“ (V. 12). Es wird nicht ganz klar, wer oder was als träumend bezeichnet wird – die Häuser oder die darin schlafenden Menschen. Aber auch hier gehen wie in Vers 2 die Wahrnehmungen ineinander über. Das Gesamtbild schließlich erscheint dem lyrischen Ich „heilig“ (V. 12), also von besonderem Wert.

Seite 36

7 a **Merkmale der Stadt bei Nacht:** verschwommen (vgl. V. 2), „lebendig“ (V. 4), „rätselvoll“ (V. 5), „mystisch“ (V. 6), „Einheit“ (V. 8)
Merkmale der Stadt bei Tag: (klare) „Linien“ (V. 2), „Gestein“ (V. 4), „wüst“ (V. 5), „Vielheit“ (V. 8), „ungestümes Treiben“ (V. 11)
b **Mögliche Antwort:** Erst die Nacht erhebt die Stadt zu einem Bild ruhigen Friedens und lässt die vielen unterschiedlichen Eindrücke des Tages zu einem ruhigen Gesamtbild verschmelzen.

8 **a, b** Die Häuserreihen werden verglichen mit *„Seelenburgen“* (V. 6). Das Besondere des Vergleichsworts ist, dass es sich um einen *Neologismus* (die *Wortneuschöpfung)* handelt. Mit diesem Vergleich könnte gemeint sein, dass *die Häuser nachts wie Schutzmauern für die Seelen der Menschen sind, oder auch, dass die Mauern durch die Lichtreflexe selbst wie „beseelt“, also lebendig (vgl. V. 4), wirken.*
c Treffend ist Aussage **C**.
d **Mögliche Erklärung der Personifikationen:**
Das Mittel der Personifikation spielt in dem Gedicht „Berlin“ eine besonders wichtige Rolle. Zunächst einmal wird die Stadt Berlin als Ganzes personifiziert, indem sie in der ersten Strophe direkt angesprochen wird (vgl. V. 1, 3, 4). Wie einem Menschen wird ihr ein Gefühl, nämlich Liebe, entgegengebracht. Das Licht der Nacht lässt die Steine selbst lebendig werden (vgl. V. 4). In der zweiten und dritten Strophe werden die Häuserreihen personifiziert, indem sie mit den Menschen darin gleichgesetzt werden.

9 **Mögliche Gedichtkritik:**
Das Gedicht „Berlin“ von Christian Morgenstern ist sehr gelungen, weil es mit Hilfe des gleichmäßigen Metrums (5-hebiger Jambus) über die drei Strophen des Gedichts eine ruhige, liebe- und friedvolle Stimmung mit einer ungewöhnlichen Liebeserklärung des lyrischen Ichs an das nächtliche Berlin harmonisch verbindet.
Die erste Strophe wirkt besonders gefühlvoll, da in dieser das lyrische Ich die Liebe ausspricht und begründet (vgl. V. 1), die es gegenüber der nächtlichen Stadt Berlin empfindet. Durch die direkte Ansprache („dich“, „deine“, „deine“, „dein“, V. 1–4) wird Berlin zudem personifiziert. Das Gefühlvolle der ersten Strophe wird auch von der Reimform, in diesem Fall dem umarmenden Reim, unterstützt.
In der zweiten und dritten Strophe wechselt die Reimform zum Kreuzreim. Auf diese Weise wird der im Gedicht geschilderte Gegensatz zwischen der „Vielheit“ (V. 8) des Tages / dem „ungestüme[n] Treiben“ (V. 11) und der „Einheit“ (V. 8) der Nacht / der Bändigung des Treibens (vgl. V. 11) formal untermauert. Die Häuser werden mit „Seelenburgen“ (V. 6) verglichen. Dieser Neologismus vermittelt das Bild einer sicheren Beherbergung der Menschen während der Nacht.
Eine Metapher in der dritten Strophe verdeutlicht, dass Berlin mit dem Ausgehen der letzten Lichter endgültig zur Ruhe kommt: „[I]n seine Schachteln liegt ein Spiel geräumt [...]“ (V. 10). Die Menschen schlafen wie eingeräumte Spielfiguren in ihren Häusern. Die nächtliche Ruhe lässt Berlin in den Augen des lyrischen Ichs „heilig“ (V. 12) werden.
Morgenstern gelingt es, den Lesenden die Liebe zum friedlichen, nächtlichen Berlin nachvollziehbar zu vermitteln.
Tipp: Bei einer Kritik geht es nicht darum, einfach festzustellen, ob einem ein Gedicht gefallen hat oder nicht. Man muss vielmehr begründen, warum man das Gedicht für gelungen hält. Man könnte also anführen, dass es sich um ein gelungenes Gedicht handelt, weil das lyrische Ich seine Liebe zur Stadt Berlin nicht nur einfach behauptet. Die Liebe zur Stadt wird vielmehr in eindrucksvollen Bildern vermittelt und auch die formale und sprachliche Gestaltung trägt zu diesem Eindruck bei. Zur Begründung könnten die Feststellungen aus Aufgabe 35.6 verwendet werden.

Was kannst du schon? – Grammatik

Seite 37

1 a Verben, Adverbien, *Pronomen*
Neulich vergaß Tim *sein* Handy im Bus. *Es* war neu und *er* bedauerte *diesen* Verlust deshalb sehr. — 10 Punkte
b **Personalpronomen:** es, er – **Possessivpronomen:** sein – **Demonstrativpronomen:** diesen — 4 Punkte

2 a 1: Präsens – 2: Futur – 3: Plusquamperfekt – 4: Präteritum – 5: Präsens – 6: Perfekt — 6 Punkte
b Im Satz **C** steht ein Verb im Konjunktiv („einlade“). — 2 Punkte
c Sie fügte hinzu: „Dein Handy ist (von mir) im Bus gefunden worden.“
Es wurde (von ihr) hinzugefügt: „Dein Handy ist (von mir) im Bus gefunden worden.“ — 1 Punkt

3 Eine besonders merkwürdige Reise machte jahrelang ein goldener Ring. — 1 Punkt

4 **A**: 2, 1, 5, 3 – **B**: 5, 1, 2, 3, 5, 5, 5, 1 – **C**: 2, 1, 5, 5, 1 — 17 Punkte

Seite 38

5 a–c
Nach drei Jahren | fand | ihr überraschter Ehemann | das verlorene Schmuckstück | in einer Kartoffel | wieder.
Die Freude über den Ring, | eine Goldschmiedearbeit , | war | riesengroß. (Apposition)
Keiner | hatte | jetzt noch | mit dem Fund des Ringes | gerechnet. — 12 Punkte

6 Die Sätze **A**, **C** und **D** sind **Satzreihen**, die Sätze **B** und **E** sind **Satzgefüge**. — 5 Punkte

7 a–c
A Dass auf deutschen Autobahnen so manche wertvolle Ladung verloren geht, kann man immer wieder im Radio hören. (Objektsatz)
B Obwohl es klare Vorschriften für Umwelt und Straßenverkehr gibt, landen immer wieder Gummiboote, Kühlschränke oder auch Damenschuhe auf dem Asphalt. (Konzessivsatz)
C Als kürzlich in der niederbayerischen Stadt Vilshofen ein Jugendturnier ausgetragen wurde, lag sogar ein Fußballtor auf der Autobahn. (Temporalsatz)
D Wenn in einem solchen Fall die nachfolgenden Autofahrer nicht aufpassen, kann dies schlimme Folgen haben. (Konditionalsatz) — 12 Punkte

Form und Funktion des Verbs

Wiederholung: Mit Verben Zeitformen bilden

Seite 39

1 a, b
B erwuchsen = Präteritum – **C** geben (...) wieder = Präsens – **D** hatte (...) gehalten = Plusquamperfekt – **E** erwiesen = Präteritum – **F** haben (...) geachtet = Perfekt (in wörtlicher Rede), erklärt = Präsens – **G** überliefert = Präsens, wird (...) sein = Futur

2 **Möglicher Informationstext:**

Meilensteine der Wetterforschung
Nachdem Galileo Galilei 1592 das Thermometer erfunden hatte, entwickelte 42 Jahre später sein Schüler Evangelista Torricelli das erste Barometer. 1901 stiegen zwei Meteorologen in ihrem Wetterballon in fast elf Kilometer Höhe auf. 1960 startete die erste Fernsehkamera mit dem Satelliten TIROS in die Erdumlaufbahn.

Der Konjunktiv I in der indirekten Rede

Seite 40

1 **A** schließe – **B** erhalte – **C** räume – **D** werde verlassen – **E** behindere – **F** sei

2 Indikativ, Konjunktiv:
vergibt – informiert – auslobe – würdige – wählt – erhält – zeige – könne

Seite 41

3 Ein Klimaforscher behauptet, der Mensch *habe* bereits seine Spuren im Erdsystem hinterlassen. – Er erklärt, der Eisschild in der Antarktis *sei* bereits unwiederbringlich abgeschmolzen, was wiederum eine weitere Erwärmung der Erde *bedeute*. – Er warnt, diese Entwicklung *sei* unumkehrbar, wenn ein bestimmter Kipp-Punkte überschritten *werde*. (Die umgekehrte Satzumstellung ist aber möglich).

4 a, b **Mögliche Redeeinleitungen und Umformung:**
Die Diskussion um den Klimawandel ist in vollem Gange. Im Jahr 2007 hat ein britischer Film eine Verantwortung des Menschen für die Erderwärmung als Hirngespinst der Forscher zurückgewiesen. Es *gebe* keine Anzeichen dafür, so **heißt** es im Film, dass Kohlendioxid jemals in der Erdgeschichte für wärmere Temperaturen gesorgt *habe*. Im Film wird **betont**, dass es vielmehr umgekehrt gewesen sei, denn eine natürliche Erwärmung, **erklärt** der Film, *habe* zu einem höheren Ausstoß von Kohlendioxid geführt. Die Filmemacher stellen sich damit gegen den Trend des Umweltschutzes.

Seite 42

5 a, b
A er fragt, er frage, er fragte, ☒ er fragte – **B** sie beobachten, ☒ sie beobachten, sie beobachteten, ☒ sie beobachteten – **C** sie scheint, sie scheine, sie schien, sie schiene – **D** sie fallen, ☒ sie fallen, sie fielen, ☒ sie fielen – **E** sie leuchten, ☒ sie leuchten, sie leuchteten, ☒ sie leuchteten

6 **A** frage sich – **B** würden leuchten – **C** würde beobachten – **D** würden fallen – **E** scheine

Texte überarbeiten – Den Konjunktiv in der indirekten Rede prüfen

Seite 43

1 ~~treffen~~ (träfen) – ~~bewundern~~ (würden ... bewundern) – ~~sieht~~ (sehe) – ~~wissen~~ (wüssten) – ~~sollen~~ (sollten) – ~~kann~~ (könne) – ~~erreicht~~ (erreiche)

2 **Passende Konjunktivformen:**
(...) die Erde ~~würde~~ **bewege** sich (...) hindurch~~bewegen~~. Dieser ~~würde~~ **bestehe** aus Staub und Gestein ~~bestehen~~. Ein Komet ~~würde~~ **habe** diese Reste hinterlassen ~~haben~~. (...) in die Erdatmosphäre ~~eindringen würden~~ **eindrängen,** ~~würden~~ **brächten** sie (...) ~~bringen~~. (...) im Jahr ~~begegnen würde~~ **begegne,** ~~würde~~ **trete** (...) eine Häufung von Sternschnuppen auf~~treten~~. Sebastian und Lara ~~würden~~ **hätten** also (...) Glück gehabt ~~haben~~, (...) sie ~~würden~~ **hätten/seien** (...) am Lagerfeuer gesessen ~~haben~~.

Teste dich! – Satzglieder und Attribute

Seite 51

1 Die Begriffe **A, D, G, H** und **I** bezeichnen keine Satzglieder. 5 Punkte

2 **Richtig** ist Antwort **C.** 1 Punkt

3 **a** Vulkanausbrüche machten auf Island den Flugverkehr in der Vergangenheit mehrfach zu einer Lotterie. 1 Punkt
b Die richtige Antwort lautet: Umstellprobe. 1 Punkt

4 Aufzählung **B** bestimmt die Satzglieder richtig. 2 Punkte

5 **a, b** Adjektivattribut, *Präpositionalattribut*, **Genitivattribut,** Bezugswort
A Gelegenheiten *für Reiseerleichterungen* – **B** Bahnreisende *aus dem Norden* –
C digitalen Hinweistafeln **des Hauptbahnhofs** a: 4 Punkte, b: 4 Punkte

Insgesamt zu erreichende Punktzahl: **18 Punkte**

Sätze

Wiederholung: Satzreihe und Satzgefüge

Seite 52

1 **A** Ein junger Chinese möchte eine Urlaubsreise antreten, **aber** auf die Begleitung seiner geliebten Schildkröte will er nicht verzichten. – **B** Er befürchtet Probleme am Flughafen, **denn** Tiere benötigen für die Ausreise oft besondere Genehmigungen. – **C** Da kommt er auf eine ausgefallene Idee(,) **und** er setzt sie auch in die Tat um.

2 ●●● **A** (...), **wohingegen** er auf die Begleitung seiner geliebten Schildkröte nicht verzichten will. – **B** (...), **weil** Tiere für die Ausreise oft besondere Genehmigungen benötigen. – **C** (...), **die** er auch in die Tat umsetzt.

3 **a** Der Mann steckte das Tier, nachdem er es zwischen Brotstücke gelegt hatte, in die Verpackung einer Fastfood-Kette. Als das Handgepäck des Reisenden durchleuchtet wurde, wunderte sich das Sicherheitspersonal am Flughafen von Guangzhou sehr. „Verdächtige Ecken" hätten aus dem angeblichen Fleischklops herausgeschaut, sodass die Tarnung als Burger aufflog.
b Die Personalform des Verbs befindet sich im Nebensatz immer *an letzter Satzgliedstelle.*

Relativsätze: Attribute in Form von Nebensätzen

Seite 53

1 **A** Herr Fron ist ein Reitsportfan, der seinen letzten Sommerurlaub auf einem Reiterhof verbrachte. – **B** Der Besitzer des Hofes führte ein Reittier am Zügel, das einen Streifen-Look trug und aussah wie ein Zebra. – **C** Tierfreund Fron, der zunächst an einen Scherz glaubte, lachte lauthals auf.

2 **a, b** **A** Der keine Miene verziehende Besitzer blieb wortkarg. Der Besitzer, der keine Miene verzog, blieb wortkarg. –
B Dann erhielt Herr Fron für sein eigenes Pferd eine jeweils mit Zebrastreifen versehene Kopfmaske und eine Fliegendecke. Dann händigte ihm dieser für das Pferd eine Kopfmaske und eine Fliegendecke aus, die jeweils mit Zebrastreifen versehen waren. **Oder:** ... die beide ein Zebrastreifenmuster aufwiesen. – **C** Die perfekte Verwandlung zum Pseudo-Zebra hinterließ nur Kopfschütteln beim Urlauber. Die Verwandlung zum Pseudo-Zebra, die perfekt war, hinterließ nur Kopfschütteln beim Urlauber. *(keine Umwandlung erforderlich)* – **D** Erst am Abend las er in der in seinem Zimmer ausliegenden Pferdesportzeitung einen Artikel: „Bremsenfrei dank Zebrastreifen?" Erst am Abend las er in der Pferdesportzeitung, die in seinem Zimmer auslag, einen Artikel: „Bremsenfrei dank Zebrastreifen?"

3 ●●● In den Sätzen **A, C** und **D** findet sich das Relativpronomen „das", welches mit einem *s* geschrieben wird. In Satz **B** gibt es einen Nebensatz, der mit der unterordnenden Konjunktion „dass" angeschlossen ist, die man mit *ss* schreibt.

Adverbialsätze, die adverbiale Bestimmungen ersetzen

Seite 54

1 **a, b** **A** Falls man einen Gegenstand gefunden oder verloren hat, kann man auch über das Internet ein Fundbüro kontaktieren.
B Als zusätzlicher Anreiz für die Abgabe von Fundstücken wird manchmal ein Finderlohn in Aussicht gestellt. Damit ein zusätzlicher Anreiz für die Abgabe von Fundstücken besteht, wird manchmal ein Finderlohn in Aussicht gestellt.

C Viele Reisende lassen trotz nachdrücklicher Erinnerungen durch das Zugpersonal etwas im Zug liegen. Viele Reisende lassen im Zug etwas liegen, obwohl das Zugpersonal sie nachdrücklich erinnert.

2 **a, b** **A** Herr K. aus W. konnte wegen des Vergessens seines Gebisses im Hotel einige Zeit keine feste Nahrung zu sich nehmen. Herr K. aus W. konnte, weil er sein Gebiss im Hotel vergessen hatte, einige Zeit keine feste Nahrung zu sich nehmen.
B Erst nach Zuschicken seines Kauwerkzeugs durch das aufmerksame Hotelmanagement konnte Herr K. wieder herzhaft zubeißen. – Erst nachdem ihm das aufmerksame Hotelmanagement sein Kauwerkzeug zugeschickt hatte, konnte Herr K. wieder herzhaft zubeißen.

Seite 55

3 **a, b** Gemeinsam reisten sie nach Deutschland, damit Jennifer seine Heimat und seine Eltern kennen lernen konnte. *(Wozu? Mit welcher Absicht?)* – Auf einer Rundreise machten sie am Tegernsee Halt und bestiegen den Wallberg, sodass sie einen herrlichen Blick über Bayerns schönste Berge hatten. *(Mit welcher Folge?)* – Dort oben machten sie einen überraschenden Fund: einen Fotoapparat. Da sich die Sonne in der Linse der Kamera spiegelte, sprang ihnen das Fundstück ins Auge. *(Warum? Aus welchem Grund?)* – Sie nahmen die Kamera mit nach Hennef, obwohl sie diese besser in einem bayerischen Fundbüro hätten abgeben sollen. *(Trotz welcher Umstände?)*

Seite 56

4 nachdem – Obwohl – damit – Weil – Damit – Auch wenn

5 **a, b** **A** Obwohl das Musikfestival völlig überfüllt war, fiel ihnen ein bestimmter Mann auf. *Trotz welcher Umstände ...?* Konzessivsatz: obwohl – **B** Sie erkannten ihn wieder, weil der Mann einen prachtvollen Lockenkopf hatte. *Warum ...?* Kausalsatz: weil, da – **C** Sie wollten ihre Vermutungen überprüfen, indem sie ihn ansprachen. *Wie ...?* Modalsatz: indem – **D** Jenem Mann war im Winterurlaub auf dem Wallberg die Kamera entglitten, sodass sie im Tiefschnee unauffindbar verschwand. *Mit welcher Folge ...?* Konsekutivsatz: sodass – **E** Als Lars Etzinger und seine Freundin zwei Monate später den Wallberg bestiegen, war der Schnee lange weggeschmolzen. *Wann ...?* Temporalsatz: als

6 **A** = Adversativsatz – **B** = Konditionalsatz

Mit Proformen Textzusammenhänge verdeutlichen

Seite 57

1 **a** Spendenaufrufe gibt es viele. **Sie** flattern als Briefe in unsere Briefkästen, **sie** versuchen als Werbespots im Radio unsere Aufmerksamkeit zu erreichen oder **sie** schallen im Gottesdienst durch den Kirchenraum. **Deshalb** muss man sich einiges einfallen lassen, um **damit** aufzufallen. **Zudem** ist **es** sehr aufwendig, Sponsoren an Land zu ziehen. Denn große Firmen haben oft kein Interesse **daran**, kleinere Projekte zu unterstützen.

b *Daher* verstärkt sich der Trend, Projekte über zahlreiche fremde Geldgeber zu finanzieren, *deren* Interesse häufig über eine Berichterstattung im Internet oder in sozialen Netzwerken geweckt wird. *Dies/Das* nennt man auch „Crowdfunding". Genau *das/dieses* versuchen Menschen mit sogenannten Charity-Reisen: *Sie* fahren im Rollstuhl nach Rom, brausen mit dem Motorrad von London nach New York oder radeln mit Wasser bepackt quer durch Deutschland. Durch *solch* eine skurrile Reise auf sich aufmerksam zu machen und sich zugleich für eine gute Sache zu engagieren, wird immer beliebter.

2 Allerdings ist Geldverdienen nicht immer das Hauptziel, sondern oft möchten die Teilnehmer *damit* auch auf bestehende Probleme aufmerksam machen. Der Schwerbehinderte Joachim Friedrich (70) fuhr beispielsweise mit dem Rollstuhl über die Alpen nach Rom, *wo er* sogar den Papst traf. Friedrich wollte *hierdurch* auf die Missstände in der Pflege in Deutschland hinweisen.

Textkohärenz herstellen

Seite 58

1 **a** Zuordnung der Bemerkungen in dieser Reihenfolge: **B** – **A** – **C**
Mögliche Begründung: In Text **B** wurden Proformen genutzt, die den Text sehr kohärent erscheinen lassen. – Text **A** hat abwechslungsarme Satzanfänge und die Sätze wurden nicht verknüpft. – In Text **C** werden die Informationen in den ersten drei Sätzen nicht miteinander verknüpft. Danach werden eine Proform und eine Ersetzung verwendet, um die Sätze kohärenter erscheinen zu lassen.

b Markierungen: Ausdrücke, die Kohärenz erzeugen, *Textstellen, die verbessert werden sollen*

A Volunteering? Mir gefällt das. *Man kann zum Beispiel* soziale Arbeit leisten. *Man kann* auch Wildlife-Projekte unterstützen. *Du kannst zum Beispiel* in einem Waisenhaus arbeiten, Schildkröten retten oder Strände von Müll befreien. *Du musst* aber mindestens vier Wochen Zeit haben!

B Freiwilligenarbeit, das klingt erst einmal nicht so attraktiv. Wer will in den Ferien schon arbeiten, ohne dafür Geld zu verdienen? Volunteering würde mich im Gegensatz dazu schon eher ansprechen. Was steckt hinter diesen Begriffen? Beide bedeuten eigentlich dasselbe: Sie meinen einen Urlaub, in dem man etwas Gutes tut und tatkräftig ein Hilfsprojekt unterstützt. Dabei kann man in den seltensten Fällen ausschlafen oder sich erholen. Stattdessen lernt man Land und Leute ganz anders kennen, vertieft seine Fremdsprachenkenntnisse und fährt danach mit dem guten Gefühl wieder nach Hause, etwas Sinnvolles vollbracht zu haben.

C Volunteering *geht im Normalfall ab 18 Jahren. Du musst 18 Jahre alt sein, um mitmachen zu können. Mein Bruder hat sich in Namibia um verletzte Zebras gekümmert.* Er war auch für afrikanische Wildhunde und Wildkatzen zuständig. Das Ganze war ein Wildlife-Projekt!

2 ●●● **Mögliche Verbesserungen:**

A Volunteering? Mir gefällt das. Es bedeutet, dass man seinen Urlaub mit etwas Gutem verbindet und ein Hilfsprojekt unterstützt. So kann man zum Beispiel soziale Arbeit in einem Waisenhaus leisten oder Wildlife-Projekte unterstützen. Hierbei können beispielsweise Schildkröten gerettet oder Strände von Müll befreit werden. Allerdings sollte man mindestens vier Wochen Zeit haben.

C An Volunteering-Projekten kann man im Normalfall ab 18 Jahren teilnehmen. Diese Aktionen erstrecken sich auf ganz unterschiedliche Bereiche, wie soziale Arbeit oder Naturschutz. Mein Bruder hat sich beispielsweise in Namibia bei einem Wildlife-Projekt um verletzte Zebras, afrikanische Wildhunde und Wildkatzen gekümmert.

Infinitivkonstruktionen

Seite 59

1 **a, b A** Um [etwas] Neues auszuprobieren, buchte ein Ehepaar Urlaub in einem Landhotel auf Mallorca. – **B** Es freute sich [darauf], die Ruhe auf dem Land zu genießen. – **C** [Anstatt] aber geruhsam die Natur zu erleben, fühlte sich das Paar belästigt und schrieb ans Reisebüro.

2 **a, b** (...) war ein Reinfall, um nicht zu sagen: eine Katastrophe. Um uns am Frühstück zu erfreuen, mussten wir (...). Gleich am ersten Morgen waren wir gezwungen(,) schlimmstes Getöse zu ertragen. Zuerst gingen wir davon aus, den Lärm nur dieses eine Mal zu hören. (...) Sechs Esel weigerten sich(,) still auf ihre Fütterung zu warten. Es kam noch ärger! Statt zur Freude der Ruhe suchenden Gäste ihren Schnabel zu halten, schnatterten auch noch zahllose Gänse. Ob dieses tierischen Dauerkonzerts lief man ständig Gefahr, sein eigenes Wort nicht mehr zu verstehen. Ein Schild am Zaun forderte die Gäste dazu auf, die Tiere zu füttern und zu streicheln. Eine Unverschämtheit! Ich verlange von Ihnen(,) uns für die entgangene Erholung zu entschädigen. Ich fordere, umgehend eine positive Antwort zu erhalten.

3 ●●● **A** Die Hotelbesitzer behaupten, manche Gäste seien nur schwer von neuen Konzepten zu überzeugen. (Hier sind es die Hotelbesitzer, die behaupten ...)

B Die Hotelbesitzer, behaupten manche Gäste, seien nur schwer von neuen Konzepten zu überzeugen. (Hier sind es die Gäste, die behaupten ...)

Partizipialkonstruktionen

Seite 60

1 Infinitiv, Partizip I, Partizip II: hoffen, hoffend, gehofft – schmelzen, schmelzend, geschmolzen – entfärben, entfärbend, entfärbt – verschwinden, verschwindend, verschwunden – erschrecken, erschreckend, erschrocken – gelingen, gelingend, gelungen

2 **a, b**

A Unentwegt quakend raubten die Frösche dem Urlauber die letzten Nerven. –
Relativsatz: Die Frösche, die unentwegt quakten, raubten dem Urlauber die letzten Nerven. –
Adverbialsatz: Indem die Frösche unentwegt quakten, raubten sie dem Urlauber die letzten Nerven.

B Zahlreiche Gäste, über das fettige Essen erbost, wandten sich an den Hotelmanager. –
Relativsatz: Zahlreiche Gäste, die über das fettige Essen erbost waren, wandten sich an den Hotelmanager. –
Adverbialsatz: Weil zahlreiche Gäste über das fettige Essen erbost waren, wandten sie sich an den Hotelmanager.

3 **A** Der historische Speisesaal, sorgfältig renoviert, erwies sich als Besuchermagnet. –
B Das Menü, vom Koch liebevoll zubereitet, überzeugte den Restaurantkritiker.

Teste dich! – Satzreihe, Satzgefüge und Proformen

Seite 61

1 a Satzreihe = **C**, Satzgefüge = **A**, **B**, **D**
b A Familie Heim hatte genug von stressigen Urlaubsreisen, bei denen sie auf Autobahnen im Stau oder auf Flughäfen in langen Schlangen stand. – **B** Weil andere Urlaubsgäste immer wieder sehr laut waren, stellten sich kaum Ruhe und Erholung ein. – **C** Doch nicht nur die Lautstärke machte den Familienmitgliedern zu schaffen, auch das Schlafen in fremden Betten fanden sie wenig erholsam. – **D** Da sie wussten, dass sie unbekannte Gerichte mit fremden Gewürzen nicht wirklich gern aßen, schreckten sie auch davor zurück. 9 Punkte

2 **richtig:** Proformen stellen Verbindungen zwischen Wörtern oder Textabschnitten her.
falsch: Unter Textkohärenz versteht man den Aufbau eines Textes.
richtig: Mit Ober- und Unterbegriffen lassen sich Bedeutungszusammenhänge konkretisieren.
richtig: Konjunktionen gehören nicht zu den Proformen. 4 Punkte

3 **a, b** Familie Heim sitzt auf dem Balkon, *um dort zu frühstücken*. Der Familienhund, *aufmerksam mit dem Schwanz wedelnd*, hofft darauf, *eine Wurst abzubekommen*. 7 Punkte

4 Erklärung **1** gehört zu Satz **A**, Erklärung **2** zu Satz **B**. 2 Punkte

Seite 62

5 **A + d – B + c – C + b – D + a** 4 Punkte

6 **A** Am Abend werden die „Balkonier", die eine Party geplant haben, hellwach. –
B Kerzen, deren sanftes Licht romantisch wirkt, sind am Abend die stilvollste Beleuchtung für Balkonien. –
C Eine besondere Ausstrahlung besitzen Lampions, die Balkonien in einen Zaubergarten verwandeln. 3 Punkte

7 Eine Übernachtung auf Balkonien hat ihren ganz besonderen Reiz, denn Campingspaß und Abenteuerlust werden kombiniert. Wenn man etwas Wert auf Gemütlichkeit legt, sollte man auf eine Isomatte oder normale Luftmatratze verzichten. Um sich ein bequemes Nachtlager einzurichten, stellt man besser einen Liegestuhl mit Auflage oder ein Klappbett auf. Sofern man über eine Hängematte verfügt, kann man auch diese aufbauen. 4 Punkte

Insgesamt zu erreichende Punktzahl: **33 Punkte**

Was kannst du schon? – Rechtschreibung

Seite 63

1 jahren – wissenschaft – verbindung – bionik – beispiel – erfindung – haihaut – haie – rillen – reibungswiderstand 10 Punkte

2 E/erkennen – A/abschauen – Ü/übertragen – G/gleiten – E/erstaunliches – K/kühlen 6 Punkte

3 Roboter sollen in Zukunft Geschirr abwaschen sowie Rasen mähen und einkaufen gehen oder Staub wischen. Auch hierfür gibt es schon tierische Vorbilder in der Familie der Insekten. 2 Punkte

4 Falsch geschrieben sind die unterstrichenen Wörter in den Sätzen **A**, **B** und **E**, richtig geschrieben sind sie in **C** und **D**. 5 Punkte

Seite 64

5 geschi**ck**te – so**nn**dern – flo**tt**e – hervorgebra**ch**t – Furchenschwi**mm**er – perfe**k**t – Wa**ss**er – angepa**ss**t – ka**nn** – Techni**k** 10 Punkte

6 **Wörter mit i:** ideal – Maschine – Klima; **Wörter mit ie:** diskutieren – vielfach – Garantie; **Wörter mit ih:** ihnen – ihre; **Wörter mit ieh:** sieht – flieht 10 Punkte

7 **a, b**
A ~~grüssen~~/grüßen – **B** ~~Fluß~~/Fluss – **C** ~~grossartig~~/großartig – **D** ~~Weißheit~~/Weisheit – **E** ~~Massregelung~~/Maßregelung – **F** ~~schliesslich~~/schließlich 12 Punkte

8 Richtig ist die Schreibweise in den Sätzen **A** und **C**, falsch ist sie in **B**, **D** und **E**. 5 Punkte

Groß- und Kleinschreibung

Wiederholung: Großschreibung von Nominalisierungen

Seite 65

1 a, b

Der Traum vom Fliegen

Auf den meisten Flughäfen dieser Welt kann man immer aufs Neue täglich Hunderte von Flugzeugen beim Starten und Landen beobachten, vielleicht erreicht deren Zahl auch die Tausend. Wahrhaft erstaunlich ist, dass das Fliegen ein Ergebnis menschlichen Forschens über mehr als 2 000 Jahre hinweg ist. Die Sagen der Griechen zeigen, dass der „Traum vom Fliegen" die Fantasie der Menschen schon früh beschäftigte. Ikarus und Dädalus nutzten Vogelflügel als Vorbild zum Konstruieren eines Flugapparates. Das Befestigen der Federn mit Wachs war allerdings riskant. Als die beiden der Sonne zu nahe kamen, führte das zum Schmelzen der Flügel und das Schlimmste trat ein: Ikarus stürzte ins Meer.

Es war Otto Lilienthal, der dann gegen Ende des 19. Jahrhunderts Entscheidendes entdeckte, nämlich dass für den Auftrieb die nach oben gewölbte Form der Flügel am allerwichtigsten ist. Oberhalb des Flügels entsteht ein Unterdruck und unterhalb ein Überdruck, der Auftrieb wird so am stabilsten erreicht und die Erdanziehung überwunden. Etwas Wichtiges ist hierbei jedoch auch, dass der Flügel gegenüber der Strömung leicht nach oben angehoben ist. Dieses sogenannte Anstellen des Flügels verstärkt den Auftrieb mit am nachdrücklichsten.

Groß- und Kleinschreibung von Eigennamen und Herkunftsbezeichnungen

Seite 66

1 **A** die Nürnberger U-Bahn – **B** der Bayerische Wald – **C** das Institut für Deutsche Sprache – **D** eine englische Tageszeitung – **E** die Vereinigten Staaten von Amerika – **F** der Westfälische Friede – **G** der beste französische Fußballer – **F** der Indische Ozean

2 M/münchner – W/würzburger – B/brandenburger – F/französischen – S/spanischen – S/schiefen Turm – V/von – I/italienischer – A/afrikanischen – G/große – A/amerikanischen – G/großen – W/weiße – K/kalifornische

3 der Hamburger Hafen – Römisch-Germanisches Museum – das Schwarze Meer – die Französische Revolution – die Schweizer Banken – Schwarzwälder Schinken – der Ferne Osten – die Spanische Reitschule

Groß- und Kleinschreibung von Tageszeiten und Wochentagen

Seite 67

1 **Mögliche E-Mail:**
Sehr geehrte Mitglieder des Ausschusses „Fahrplan",
zur Ausgestaltung des Fahrplans für die neue Linie 5 laden wir Sie für Dienstagnachmittag um 15:00 Uhr ein. Der Linienbetrieb soll morgens um 4:00 Uhr beginnen. Am Abend verkehren die Züge bis 0:30 Uhr. Der zeitliche Abstand zwischen den Zügen wird werktags 20 Minuten betragen. Ab Beginn des Berufsverkehrs bis 11:00 Uhr sollen die Züge alle 10 Minuten fahren. Der Fahrplan am Wochenende muss noch geklärt werden. Aber samstagnachts sollen auf jeden Fall mehr Züge fahren. Bitte geben Sie mir bis morgen Mittag (Mittwoch, 13:00 Uhr) eine Rückmeldung zu diesen Vorschlägen. Freundliche Grüße
XX, Chef der Stadtwerke

2 **Möglicher Blogbeitrag:**
Gestern Vormittag kamen wir um 11.00 Uhr mit dem Zug in München an. Noch am selben Nachmittag nahmen wir an einer Führung durch die Sonderausstellung „energie.wenden" teil. Wir konnten erfahren, welche Möglichkeiten es gibt, Energie einzusparen, und wie sich unser Verhalten auf den Energieverbrauch auswirkt. Heute Morgen besuchten wir die Blitze-Show, bei der mit Hochspannung Blitze erzeugt wurden. Als Letztes konnten wir im VRlab des Museums einen aufregenden „Ausflug auf den Mond" machen. Leider ist die Klassenfahrt morgen Vormittag schon vorbei. Um 11.00 Uhr werden wir wieder nach Hause zurückreisen.

3 **Möglicher Text:**
Jeden Morgen fahre ich um 7:30 Uhr mit dem Bus zur Schule. Nur am Donnerstag bringt mich meine Mutter mit dem Auto zur Schule, denn an diesem Tag muss sie früher zur Arbeit fahren. In der Regel fahre ich mittags nach Schulschluss wieder mit dem Bus nach Hause. Am späten Nachmittag fahre ich oft mit der Straßenbahn ins Einkaufszentrum, um meine Freunde zu treffen. Aber ich muss abends immer um 20:00 Uhr zu Hause sein. Bandprobe in der Musikschule habe ich dienstags um 15:00 Uhr. Die Auftritte der Band sind meistens am Freitagabend. Nach einem Auftritt schlafe ich am nächsten Morgen immer ganz lange.

Teste dich! – Groß- oder Kleinschreibung?

Seite 68

1 **B** Großschreibung, da vom geografischen Namen abgeleitetes Wort auf **-er**
C Kleinschreibung, da von einem geografischen Namen abgeleitetes Adjektiv auf **-isch**
D Kleinschreibung, da Adjektiv im Superlativ mit „am"
E Großschreibung, da mehrteiliger Eigenname — 4 Punkte

2 Ungewöhnliches – Betrachten – trauen – verbiegen – Untersuchen – leichtesten – geniale – erkennen — 8 Punkte

3 gestern früh/Früh – morgen Abend – Sonntagabend – freitags – spätabends – samstagnachmittags – heute Morgen – übermorgen– gestern Mittag – am Montag — 10 Punkte

Insgesamt zu erreichende Punktzahl: — **22 Punkte**

Wiederholung: Getrennt- und Zusammenschreibung

Seite 69

1 **Zusammenschreibung** von Nominalisierungen (mit Nomenbegleitern): (das) Achterbahnfahren, (in Gedanken eingefügt: das) Zuckerwatteessen, (ganz einfaches) Plastikrosenschießen, (sehr vertrautes) Loseziehen

Getrenntschreibung: Freude machen, Geld verdienten, Eindruck erregen, Motorrad gefahren, Jubelschreie, Enttäuschung erleben, Platzreservierung kümmern, Termin absprechen

2 ●●● Ich muss gestehen, dass ich wenig *Lust habe*, auf den Jahrmarkt zu gehen. Das *Entchenangeln* finde ich langweilig. Beim *Glücksraddrehen* habe ich noch nie etwas gewonnen. Beim *Riesenradfahren* bekomme ich Höhenangst und nach dem *Autoscooterfahren* tun mir immer alle Knochen weh. Das Einzige, was für mich einen gewissen *Reiz hat*, ist, dass ich auf dem Jahrmarkt *Freunde treffen* und leckeren *Paradiesapfel essen* kann.

Seite 70

3 **B** beeindrucken weiß – **C** fahren lassen – **D** baden gehen – **E** einkaufen gehen – **F** rollen lassen – **G** besuchen kommt

4 vorbei war – vorhanden sind – vonnöten sind – möglich ist – dabei bist – offen ist – los ist

5 ●●● Die Fehlerwörter sind unterstrichen, die Verbesserungen (in Klammern) dahinter: <u>Besuchen</u> (besuchen) – <u>kennenlernen</u> (Kennenlernen) – <u>fahrenüben</u> (Fahrenüben) – <u>Einsteigen lassen</u> (Einsteigenlassen) – <u>kassierenlernen</u> (kassieren lernen) – <u>Bremsen üben</u> (Bremsenüben) – <u>stehen bleiben</u> (Stehenbleiben)

Seite 71

6 **a** Unterstrichen sind Wörter mit neuer Gesamtbedeutung (= Zusammenschreibung): vollständig erhalten – <u>nahebringen</u> – willkommen heißen – möglich machen – gut unterhalten – <u>bereitstehen</u> – <u>schwerfallen</u> – sicher sein
b willkommen heißen – bereitstehen – nahebringen – schwerfallen – möglich machen – vollständig erhalten – gut unterhalten

7 ●●● **a, b Mögliche Sätze:**
A Wenn Sie **schwarzfahren**, kann das teuer werden. – **B** Er ist derart unverschämt, dass ich vor Wut **rotsehe.** – **C** Darüber habe ich mich **schwarzgeärgert.** – **D** Obwohl es nicht richtig ist, werde ich morgen **blaumachen.**

Seite 72

8 **a, b** Betonte Wortteile/Wörter sind unterstrichen (Getrenntschreibung = G, Zusammenschreibung = Z):
A <u>zusammen</u>?kommen (G) – **B** <u>zusammen</u>?halten (Z) – **C** <u>dazwischen</u>?reden (Z) – **D** <u>dazwischen</u>?<u>setzen</u> (G) – **E** <u>vorher</u>?sagen (Z) – **F** <u>nachher</u>?<u>sagen</u> (G) – **G** <u>zusammen</u>?bleiben (Z)

9 ☒ **A** Nach der Führung müsst ihr euch unbedingt [untereinander?austauschen].
☐ **B** Morgen könnt ihr euch mit der Beschreibung der Bilder [herum?schlagen], heute habt ihr frei.

Erweiterungsprobe: ... **untereinander** in einem Gespräch **austauschen.** → Getrenntschreibung (Erweiterungsprobe nicht möglich bei herum?schlagen → Zusammenschreibung)

10 **Mögliche Verbindungen aus Präposition und Verb:**
durch... : durchziehen – durchgehen – durcharbeiten – durchlaufen – durchsehen – durchsprechen – durchkommen – durchlassen – durchmachen – durchnehmen
mit... : mitziehen – mitgehen – mitarbeiten – mitsprechen – mitkommen – mitwirken – mitmachen – mitnehmen
auf... : aufziehen – auflaufen – aufkommen – aufrechnen – aufmachen – aufnehmen – auflegen
hinter... : hinterziehen – hintergehen – hinterlassen – hinterfragen – hinterlegen
über... : überziehen – übergehen – überarbeiten – übersehen – überkommen – überlassen – überstimmen – übernehmen

Seite 73

11 ●●● Um es gleich vorwegzunehmen: Ungewöhnlich ist dieses Museum natürlich schon, denn es geht hier um nichts anderes als Dackel! Übersehen kann man das Museum nicht: Bereits am Eingang weist eine übergroße Dackelstatue auf das ungewöhnliche Innenleben hin. Hinter der Museumstür ist eine bunte Mischung von über 4500 Exponaten zusammengekommen. Ansehen darf man hier alles, mitnehmen natürlich nichts. Die Liebe der Museumsbetreiber zu diesem Tier ist nicht zu überschätzen. Dennoch wird man spätestens beim Verlassen leise in sich hineinkichern. Was für eine tolle Idee!

12 ●●● **A** voraussagen – **B** dazwischengehen – **C** zusammenschreiben – **D** auseinandernehmen – **E** hintergehen – **F** losrennen – **G** hervorbringen – **H** hinüberretten

Teste dich! – Getrennt- oder Zusammenschreibung?

Seite 74

1 **a, b** Fehler (Verbesserung): Genauergründen (Genau ergründen) [...] entstandenist (entstanden ist). [...] vor behalten (vorbehalten) war, ist hingegengesichert (hingegen gesichert) – [...] hervor gegangen (hervorgegangen) [...]. [...] zu durch stoßen (durchstoßen) – [...] Karussell fahren (Karussellfahren) letztlich zurück gehen (zurückgehen) 16 Punkte

2 erfinden lassen – weiterentwickeln – Kreis drehen – Einzug halten – zugänglich gemacht – wachhalten – unterhalten – leichtfällt 8 Punkte

Insgesamt zu erreichende Punktzahl: 24 Punkte

Üben macht sicher – Regeln zum Rechtschreiben

Fremdwörter richtig schreiben

Seite 75

1 **a, b**
A Aggression – **B** Accessoire – **C** Balance – **D** Interesse – **E** dynamisch – **F** Atmosphäre – **G** Opposition – **H** Hightech

2 **a, b**
A Grafik, Graphik – **B** Buffet, Büfett – **C** Fotograf, Photograph – **D** Xylofon, Xylophon – **E** Potential, Potenzial – **F** Fantasie, Phantasie – **G** Jogurt, Joghurt – **H** Orthografie, Orthographie – **I** Spaghetti, Spagetti – **J** Cousine, Kusine – **K** substantiell, substanziell – **L** cremig

3 ●●● **a** **A** Beachvolleyball – **B** Basketball – **C** Windsurfen – **D** Biathlon
b Das Wort **D** „Biathlon" stammt sprachgeschichtlich aus dem Griechischen und Lateinischen.

Schreibweisen nach einem kurzen Vokal

Seite 76

1 **waagerecht:** (1) Mittag – (2) Platz/Latz – (3) Riss, Witz – (5) All – (6) Ross – (7) Ass, kalt – (8) Wette – (11) Holz – (12) Kuss – (13) Kummer / **senkrecht:** (A) Gramm, Macke – (C) Kasse – (D) Wachs – (E) wild – (F) toll – (G) Ort – (H) zwicken/Wicken – (I) Rache – (J) joggen – (K) Test

2 **a, b** Markierungen: Vokal (mit Punkt versehen), Konsonanten
A kalt, Holz, Wachs, wild, Ort, Rache, Test –
B Platz/Latz, Witz, Macke, zwicken/Wicken –
C Mittag, Riss, All, Ross, Ass, Wette, Kuss, Kummer, Gramm, Kasse, toll, joggen

3 ●●● Wer kennt ihn nicht, den Augenblick, wenn das Zeugnis ausgeteilt wird? Man sitzt da und wartet, bis man endlich aufgerufen wird. Die Erfolge eines Jahres, zusammengefasst auf einem Stück Papier. Ein kurzer Blick aufs Blatt – alles in Ordnung. Vielleicht sind die Noten nicht überall berauschend, aber dafür kommt jetzt das Beste des ganzen Jahres: ab in die Ferien und ab in den Sommer. Die Schule muss jetzt sechs Wochen ohne dich auskommen.

Schreibweisen langer Vokale

Seite 77

1 **a, b** Moderne Sklaven oder pfiffige Anbieter?

Viele Menschen in den Metropolen Europas sind beim ersten Anblick ziemlich schockiert von diesem Bild: Kleine Dreiräder, angetrieben von einem Radler, befördern vielfach Gäste jeden Alters durch die Straßen. Sie schießen oft schneller als ein Taxi voran, denn sie stecken fast nie im Stau fest. Diese Velo-Taxis genießen auch den Ruf der Umweltfreundlichkeit. Das Wort „Velo" ist die Kurzform des französischen „vélocipède", was wiederum, wortgeschichtlich betrachtet, mit „Schnell-Fuß" (lateinisch velox = schnell und pes = Fuß) zu übersetzen wäre.

2 alternative – kutschieren – inzwischen – ziemlich – vielen – Bezirken – Politisch – Interessierte – Vehikel – angesichts – gigantisch – gestiegener – Benzinpreise – ideale – Linien- – Individualverkehr – kassieren – Touristen – transportieren

3 Wiedergabe, Widerstand, Wiederkehr, wiederum, Widerwille, widerspiegeln, wiederholen

4 **Mögliche verwandte Wörter:**
A befehlen, befehligen, Befehlsform (= Imperativ), (Ober-)Befehlshaber, Befehlston – **B** Fahrbahn, umfahren, (das) Radfahren, fahrig, Fähre – **C** Hohlweg, Hohlkopf, Hohlraum, Hohlvene, hohlwangig – **D** vernehmbar, abnehmbar, übernehmen, hinnehmen, Nehmerqualitäten – **E** davonstehlen, fortstehlen, Diebstahl, diebstahlsicher, gestohlen – **F** Dehnung, ausdehnen, dehnungsfähig, dehnbar, Dehnübung – **G** fehlerhaft, unfehlbar, Fehlerzeichen, Fehltage, Fehlverhalten – **H** Wahrhaftigkeit, Wahrheit, wahrscheinlich, wahrnehmen

Die Schreibung der *s*-Laute

Seite 78

1 Laus | bub → Läuse – Blas | instrument → blasen – Kreis | verkehr → kreisen – Gleis | führung → Gleise – Weiß | wurst → weiße – Gruß | wort → Grüße – Eis | waffel → eisig – Nas | horn → Nase – Reiß | leine → reißen

2 **a–c** Biss | wunde → Bisse – Schloss | park → Schlösser – Mess | becher → messen – Stoß | dämpfer → stoßen – Fluss | biegung → Flüsse – Vergiss | meinnicht → vergessen – Schluss | verkauf → Schlüsse – Acht | kläss | ler → Klasse – Nass | zelle → Nässe – Pass | wort → passen – ess | bar → essen
Erklärung: Stoßdämpfer wird mit *ß* geschrieben, denn der stimmlose *s*-Laut folgt hier auf einen betonten, lang gesprochenen Vokal.

„das" oder „dass"

Seite 79

1 **a, b** **Mögliche Relativsätze:** **A** Das Spiel, das/welches Carl neu heruntergeladen hat, lässt ihn die Zeit vergessen. – **B** Aus dem Blick gerät ebenso das Referat über Zeitmanagement, das/welches für morgen vorzubereiten ist. – **C** Als schließlich alles zu spät ist, denkt Carl sich für den nächsten Tag ein Märchen aus, das/welches den Lehrer besänftigen soll.

2 **a, b** **Mögliche Subjekt- oder Objektsätze** (hier folgt die Konjunktion dass häufig im Zusammenhang mit *Verben des Sagens, Meinens, Denkens, Fühlens*): **A** Carl *erzählt* seinem Lehrer, dass das Ticken der Uhr im Lärm des neuen Spiels untergegangen ist (auch Konjunktiv I möglich: sei), bis es zu spät war. – **B** Der Lehrer *flüstert* zu sich selbst, dass Carl ihn für dumm hält. – **C** Er *sagt* grinsend, dass Carl mit seiner Erfindungsgabe Schriftsteller werden sollte.

3 ●●● (...) schon bemerkt, ~~das~~/dass Erwachsene kein Zeitgefühl haben? (...) Morgens rufen sie ungeduldig ins Bad, das/~~dass~~ ich gerade erst betreten habe, um mir mitzuteilen, ~~das~~/dass auch andere duschen möchten. Für das Frühstück, das/~~dass~~ man nun wirklich (...). ~~Das~~/Dass der Bus nicht auf mich warten würde (...), sind unsere Lehrer überrascht, ~~das~~/dass die Stunde schon zu Ende ist, während wir das Ende, das/~~dass~~ sich extrem schleichend nähert, immer im Blick haben. ~~Das~~/Dass Erwachsene kein Zeitgefühl haben, (...): Kaum fasse ich mein Handy an, das/~~dass~~ in der Schule beiseitegelegt werden musste, höre ich, ~~das~~/dass ich meine Zeit nicht damit verschwenden solle. Auch ~~das~~/dass ausgerechnet dann Schlafenszeit sein soll, (...).

Teste dich! – Regeln zum Rechtschreiben

Seite 80

1 **A** Rhetorik – **B** Download – **C** Rhythmus – **D** Havarie – **E** Symmetrie – **F** Sympathie 6 Punkte

2 rund – kennen – Ausstellung – ermuntert – allerhand – kannst – tolle – lenken – Geisterbahn – Bekanntschaft 10 Punkte

3 Richtig sind die Aussagen **A** und **C**. Falsch ist die Aussage **B**. 3 Punkte

4 passiert – draußen – aufpassen – muss – Das – lässt – riesengroßen – weißt – dass – „Elektrisiermaschine" 11 Punkte

5 **Mögliche Erklärung:**
Die Ersatzprobe funktioniert so: Wenn ich „das" durch „welches" ersetzen kann, handelt es sich um das Relativpronomen „das", z. B.: *Das PC-Spiel, das (→ welches) Carl neu gekauft hat, finde ich toll.* 1 Punkt

Insgesamt zu erreichende Punktzahl: **31 Punkte**

Zeichensetzung

Das Komma zwischen Sätzen

Seite 81

1 **a, b**

A + 2 Wir gratulieren zum Erwerb Ihrer Muttersprache**(,)** und wir wünschen Ihnen viel Erfolg bei ihrer Verwendung!
B + 3 Ihre Sprache ist ein hochentwickeltes und vielseitiges Medium, das Ihnen in allen Lebenssituationen nützliche Dienste leisten wird, wenn Sie es richtig einzusetzen wissen.
C + 5 Damit Sie viel Freude daran haben, sollten Sie folgende Hinweise unbedingt beachten:
D + 4 Gehen Sie achtsam und überlegt mit Ihrer Sprache um, denn ein unsachgemäßer Gebrauch kann (...).
E + 1 Für eine optimale Nutzung Ihrer Sprache raten wir Ihnen zur Anschaffung eines Wörterbuchs, das Ihnen besonders beim schriftlichen Gebrauch eine große Hilfe sein kann, und wir empfehlen Ihnen (...).
F + 6 Den Erwerb einer Zweitsprache sollten Sie erwägen, wenn Sie grundsätzlich (...).

Das Komma bei Infinitiv- und Partizipialkonstruktionen

Seite 82

1 **a–c**

A Wenn du lange über der richtigen Schreibweise eines Wortes grübeln musst, solltest du lieber gleich in einem Wörterbuch nachschlagen. – Anstatt lange über der richtigen Schreibweise eines Wortes zu grübeln, solltest du lieber gleich in einem Wörterbuch nachschlagen.
B Allerdings musst du einige Nachschlagetechniken beherrschen, damit du gezielt suchen kannst. – Allerdings musst du einige Nachschlagetechniken beherrschen, um gezielt suchen zu können.
C Wahrscheinlich hast du schon oft in der alphabetischen Wörterliste eines Wörterbuchs nachgeschlagen, dich vorher aber nicht um die Benutzerhinweise gekümmert. – Wahrscheinlich hast du schon oft in der alphabetischen Wörterliste eines Wörterbuchs nachgeschlagen, ohne dich vorher aber um die Benutzerhinweise zu kümmern.
D Wenn man alle Abkürzungen in den Einträgen zu einem Wort verstehen will, muss man sich in der Einführung ein wenig kundig gemacht haben. – Um alle Abkürzungen in den Einträgen zu einem Wort zu verstehen, muss man sich in der Einführung ein wenig kundig gemacht haben.
E Falls du an der Kommasetzung zweifelst, bleibt dir nur übrig, dass du im Regelteil des Wörterbuchs nachschaust. – Falls du an der Kommasetzung zweifelst, bleibt dir nichts anderes übrig, als im Regelteil des Wörterbuchs nachzuschauen.
F Wenn du dir nie die Benutzerhinweise und den Regelteil in einem Wörterbuch ansiehst, findest du zu deinen Rechtschreibfragen auch keine Antworten. – Ohne jemals die Benutzerhinweise und den Regelteil in einem Wörterbuch anzusehen, findest du zu deinen Rechtschreibfragen auch keine Antworten.

Seite 83

2 a, b

In der Schule hast du die Möglichkeit, interaktive Wörterbücher zu benutzen: Die Deutschlehrkräfte sind gerne dazu bereit, dir auch die kompliziertesten Fragen zur Rechtschreibung zu beantworten. Für den Umgang mit ihnen ist es allerdings ratsam, einige Benutzerhinweise zu beachten. Warte eine günstige Gelegenheit ab, um deine Frage zu stellen. Bemühe dich darum, dein Problem möglichst klar zu formulieren. Wenn dir die angebotene Lösung nicht wirklich hilft, ist es unbedenklich, noch einmal nachzufragen. Bei orthografischen Fragen ist es eine gute Alternative, sich die Hilfe schriftlich geben zu lassen. Denke daran, dich nach erfolgreicher Hilfe freundlich bei deinem interaktiven Wörterbuch zu bedanken.

3 a **A** Da der Ratgeber klar und deutlich strukturiert ist(,) vermittelt er in übersichtlicher Form die wichtigsten Strategien für eine gelungene Rede. – **B** Gründlich und umfassend vorbereitet(,) kann ein guter Redner während des Vortrags spontan reagieren. – **C** Außerdem kann er, unterschiedliches Bildmaterial bereithaltend, im Referat variieren. – **D** Sich nicht mit unnötigen Details aufhaltend(,) konzentriert er sich auf das Wesentliche und fasst am Ende die Ergebnisse zusammen.

b **A** Dieser Ratgeber ist klar und deutlich strukturiert, um in übersichtlicher Form die wichtigsten Strategien für eine gelungene Rede zu vermitteln. – **B** Wenn ein Redner gründlich und umfassend vorbereitet ist, kann er während des Vortrags spontan reagieren. – **C** Außerdem kann er, sofern er unterschiedliches Bildmaterial bereithält, im Referat variieren. – **D** Während er sich nicht mit unnötigen Details aufhält, konzentriert er sich auf das Wesentliche und fasst am Ende die Ergebnisse zusammen.

Das Komma bei Appositionen und nachgestellten Erläuterungen

Seite 84

1 a, b Visualisierungsmedien, technische Hilfsmittel zur Unterstützung eines mündlichen Vortrags, dienen der Anschaulichkeit und der vereinfachenden Erklärung. Auf Flipcharts, meist dreibeinigen Ständern mit einem sehr großen Papierblock, können Ideen und Ergebnisse in einer Gruppenarbeit mit einem Filzstift spontan festgehalten werden. Vorbereitete Folien können mit dem Overheadprojektor, einem auch im digitalen Zeitalter noch häufig eingesetzten Medium, gut lesbar präsentiert werden. Die digitalisierte Form der Tafel, das sogenannte Whiteboard, ermöglicht es, vorgefertigte Grafiken oder Texte handschriftlich zu ergänzen und so speichern zu lassen. Das Handout, ein Zettel mit gedruckten Informationen, begleitet den Vortrag mit wichtigen Thesen und ergänzt ihn um Literaturhinweise. Plakate bieten, auf diese Weise besser wahrnehmbar auch aus der Ferne, großformatige Kombinationen aus Text, Bild und Grafik auf Papier oder Pappe.

2 **A** Zur Pflege der Stimme bekommt man bei Fachleuten, nämlich den Hals-Nasen-Ohren-Ärzten, nützliche Tipps. –
B Bei angegriffenen Stimmbändern gilt Schweigen, und zwar eisernes, als das wirkungsvollste Mittel. –
C Ein bewusster Umgang mit der Stimme, vor allem eine angemessene Atemtechnik, hilft, Heiserkeit zu vermeiden. –
D Bestimmte chemische Stoffe, zum Beispiel Nikotin und Alkohol, greifen die Stimmbänder an.

Teste dich! – Zeichensetzung

Seite 85

1 Um Ihr *** zu bedienen, stehen Ihnen das Tastenfeld und das Display zur Verfügung. Einige Funktionen setzen voraus, dass der Netzbetreiber diese unterstützt, zum Beispiel Funktionen, bei denen Informationen zur Rufnummer des Anrufers nötig sind. Das Display zeigt, abhängig von den aktuellen Einstellungen, unterschiedliche Informationen an, unter anderem Datum und Uhrzeit. Über die Steuertaste haben Sie die Möglichkeit, die Funktionen des *** zu aktivieren. Anstatt direkt in den Hörer zu sprechen, können Sie auch die Freisprechfunktion nutzen. Wenn eine Nummer gespeichert ist, wird der zugehörige Name angezeigt, sofern er vorher eingegeben wurde. – *(Auszug aus einer Gebrauchsanweisung für ein Festnetztelefon.)* 11 Punkte

2 a, b

A + 3 Die Daten werden vom Host-Kanal, also dem die Programmliste übertragenden Fernsehsender, mehrmals täglich gesendet.
B + 2 Nach geografischen Regionen ausgerichtet, werden die Sender in der TV-Programmliste angezeigt.
C + 1 Ein Sender, der in Ihrer Region nicht registriert ist, wird selbst dann nicht in der TV-Programmliste angezeigt, wenn sein Signal empfangen wird.
D + 4 Wenn Sie die Programmliste heruntergeladen haben, müssen Sie die Daten regelmäßig abrufen, um die Programmliste zu aktualisieren.
(Auszug aus einer Gebrauchsanweisung für einen Satellitenreceiver.) 12 Punkte

3 Die Aussagen **A** und **B** sind falsch, die Aussagen **C** und **D** sind richtig. 4 Punkte

Insgesamt zu erreichende Punktzahl: 27 Punkte

K I 2	B A D A	4 Punkte (je 1 Punkt für jedes richtig gesetzte Kreuz)
K I 3	C A	2 Punkte (je 1 Punkt für jedes richtig gesetzte Kreuz)
K I 4	A B A E	4 Punkte (je 1 Punkt für jedes richtig gesetzte Kreuz)
K I 5	richtig: A E F falsch: B D C	6 Punkte (je 1 Punkt für jedes richtig gesetzte Kreuz)
K I 7	richtig: C	1 Punkt für das richtig gesetzte Kreuz
K I 8	richtig: C	1 Punkt für das richtig gesetzte Kreuz
K I 9	Ich-Erzähler: Party	1 Punkt für das richtig gesetzte Kreuz
K I 10	A C	2 Punkte (je 1 Punkt für jedes richtig gesetzte Kreuz)
K II 11	Ausdrucksfehler	3 Punkte (für drei Fehlerstellen)
K II 12	Ich-Erzähler: Abschiedspartys	1 Punkte für die richtige Antwort im ganzen Satz
K II 13	Stil	6 Punkte für die richtigen Wörter
K III 14	Grammatikfehler	10 Punkte (je 1 Punkt für jeden Fehler)
K III 15	Hauptsätze	2 Punkte (je 1 Punkt für die korrekte Umformung)
K III 16	Satzgliedbestimmung	7 Punkte (je 1 Punkt für korrekt bestimmtes Satzglied)
K III 17	Passiv	2 Punkte (je 1 Punkt für die richtige Umformung)
K III 18	Konjunktiv	3 Punkte (je 1 Punkt für die richtige Konjunktivform)
K IV 19	Fehler korrigieren	7 Punkte (je 1 Punkt für jeden entdeckten Fehler)
K IV 20	Zeichensetzung	10 Punkte (je 1 Punkt für jedes richtig gesetzte Satzzeichen)
Summe		**69 Punkte**

Bewertungsschlüssel

69–59 Punkte	58–32 Punkte	31–0 Punkte
Du liegst im guten bis sehr guten Bereich. Vielleicht siehst du dir trotzdem noch einmal die Stellen an, an denen du dich noch verbessern kannst.	**Einiges gelingt dir gut, manches musst du aber noch einmal üben.** Versuche anhand des Tests, Fehlerschwerpunkte zu entdecken, damit du gezielt wiederholen kannst.	**Du musst vieles wiederholen und noch einmal gründlich üben.** Überlege gemeinsam mit deinen Eltern oder deiner Lehrkraft, wo deine besonderen Fehlerschwerpunkte liegen und wie du vorgehen kannst, um dich zu verbessern.